Kurt Weidemann   Worte

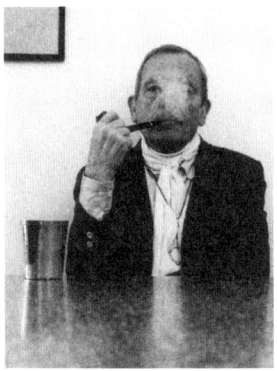

worte auf die Waage gelegt

auf die
Schippe genommen

von
Kurt Weidemann

Hatje Cantz

Hans Magnus Enzensberger

Altes Medium

Was Sie vor Augen haben,
meine Damen und Herren,
dieses Gewimmel,
das sind Buchstaben.
Entschuldigen Sie.
Entschuldigen Sie.
Schwer zu entziffern,
ich weiß, ich weiß.
Eine Zumutung.
Sie hätten es lieber audiovisuell,
digital und in Farbe.

Aber wem es wirklich ernst ist
mit *virtual reality*,
sagen wir mal:
Füllest wieder Busch und Tal,
oder: Einsamer nie
als im August, oder auch:
Die Nacht schwingt ihre Fahn,
der kommt mit wenig aus.

Sechsundzwanzig
dieser schwarz-weißen Tänzer,
ganz ohne Graphik-Display
und CD-ROM,
als Hardware ein Bleistiftstummel –
das ist alles.

Entschuldigen Sie.
Entschuldigen Sie bitte.
Ich wollte Ihnen nicht zu nahe treten.
Aber Sie wissen ja, wie das ist:
Manche verlernen es nie.

(Aus: *Kiosk*. © Suhrkamp Verlag, Frankfurt
am Main 1995)

Inhalt

Worte vorab 8
Worte und Rechtschreibung 11
    12 Worte denken – Worte reden
    16 »Is was?« – »Ich hab Hunger!« – »Iss was!«
    22 »Sähr witzisch«
    27 Von der Verfertigung der Gedanken
    32 »Mehr aufs Lautliche denn aufs Buchstäbliche«

Wortwerte und Wortwaisen 35
    36 Stuss und Genuss
    42 Machtworte und Wortmächte
    46 »Traum und Tod«

Worte und Politik 51
    52 Politik – wortklingelnd
    56 Die »grundsätzlich neue Sicht der Dinge«
    61 Der geschlechtsbezogene Wortgebrauch
    64 Wenn der Text den Sinn nicht freigibt
    66 Von wegen »von Rechts wegen«
    68 Vier Worte nur

Worte im Kauderwelsch 69
    70 Aküfi – der Abkürzungsfimmel
    74 »Ham wir das notwendig?«
    77 Ich schprechen öropäisch
    79 Würde ich mal so sagen
    83 Ich fasele Unverständliches
    84 Durch Schreiben bleiben

Worte in Werbung und Sport 85
    86 Vom Ja-aber-Sager zum Aber-ja-Sager
    91 »Da sind Sie geholfen«
    96 Zukunft kommt auf uns zu
    99 Man wird doch noch mal fragen dürfen!
    100 Der Sport hat kein Wort

Worte hernach 105

Worte — vorab

Wenn doch der Schöpfer Himmels und der Erden nicht auf die aberwitzige Idee gekommen wäre, etliche Milliarden Menschen auf diesen Erdball zu setzen, *bei denen partout keiner einem anderen aufs Tüpfelchen genau gleichen darf.* Mit ein paar Zehntausend gut durchgestalteten Standardmodellen in mehreren Millionenauflagen, ausgestattet mit Bewusstsein, Verstand und Gefühl, hätte es doch sein Bewenden haben können.

Nun gehen diese Menschen, die auch noch mit einem fragwürdig unersättlichen Forschungsdrang ausgestattet wurden, daran und zerkleinern die Bauteile des Lebewesens Mensch zur Weiterverwendungsfähigkeit bis in die Gene hinein. Und können in womöglich absehbarer Zeit solche Standardmodelle *selbst in die Welt setzen.* **Das hat er nun davon, unser Schöpfer nach der Erschöpfung der Welt.** Wenn man nun weiß, zu was der Mensch alles fähig ist, dann darf man geklont nicht nur lauter beflissene Heinzelmännchen erwarten, sondern auch furchtlose Todesschwadronen, die den altertümlich individualisierten Vormodellen ans Fell gehen.

Der Tick mit der Unverwechselbarkeit hat es mit sich gebracht, dass jedweder sich selbst göttlich einmalig vorkommt, auch wenn er mit einem nichtssagenden oder Unbehagen erregenden entblößten Gesicht herumläuft, dem auch aufbessernde Eingriffe eines Schönheitschirurgen den Unterschied zwischen Antlitz und Visage nicht beseitigen können. Da hilft auch die Entschuldigung nicht, dass man eben bei sechs Milliarden Einzel-Exemplaren nicht nur Topmodels produzieren kann.

Schlimm wird es nun, wenn diese Menschen ihren Mund aufmachen und aus dem Gehege ihrer Zähne Worte entlassen, denen es an Wohlklang, Sinn, Gedankentiefe, Klarheit und Weisheit, denen es an allem gebricht, wozu Sprache immerhin fähig ist und wofür sie bereits wunderbare Beispiele zuhauf geliefert hat.

Damit sind wir bei einer Fähigkeit des Menschen angekommen, die ihn zu einem Gemeinwesen macht, das sich über Sprache verständigen kann. Das lässt durchaus Missverständnisse und Unfähigkeiten zu, die mit Ausdrucksarmut und Maulträgheit gerade zum Bubblegumblasen reichen.

Die Relativität unserer Urteilskraft wird von Vorteilen geleitet. Aus Vorteilen können Vorurteile werden. Die haben meist einen festeren Stand als der Standpunktwechsel in der Urteilsfähigkeit.

Seine Muttersprache ist die wirkliche Heimat des Menschen. Der Zugang zum Schatz seiner Wörter ist jedem offen. Diese Kapitalbildung ist keinen Schwankungen unterworfen. Sie bedarf allerdings der Sammlung, Sichtung und Wertung. Die hier versammelten Beispiele von Wortwohllaut, Wortarmut, Gesabbel und Nachdenklichkeit sind gehört oder nachgelesen, in Vergessenheit geraten, wieder aufgefunden und zusammengeschrieben: *ein Lesebuch*, *kein Lehrbuch*, keine Systematik:

Es ist, wie es ist. Texte, die mich berühren und begeistern, stehen hier und, eingestreut, Witze, Kalauer. Ich sage mit Harry Potter: »Ich könnte ein paar Lacher gebrauchen«, und »wir alle könnten ein paar Lacher gebrauchen. Ich hab so ein Gefühl, dass wir sie noch mehr als üblich brauchen werden, eher früher als später.«

Die krause Logik des Bauches (»Fuzzy Logic«) entlastet die Kopflogik, findet Zwischengrößen und auch Endlösungen. Das Kopfhirn und das Bauchhirn in Harmonie vollenden die Vereinigung von Intelligenz-Quotient (IQ) und emotionalem Quotient (EQ). Das ist modern.

Dieses Buch kommt in eine Zeit, in der ein immer dichter werdendes Netz von babylonisch verwirrten Sprachen den Erdball einkreist. Mit Hilfe immer raffinierterer Techniken, deren Allgegenwärtigkeit uns aus der Fassung bringt.

Unsere Fähigkeiten, zu einem unabhängigen, mündigen Sprachgebrauch vorzudringen, werden uns von den Kommunikationsmedien verstellt. Wir müssen mit den Medien Probleme lösen, die wir ohne sie nicht hätten. Wir können aber auch mit ihnen die Zeit gewinnen, die wir dem Umgang mit dem, was den Menschen einmalig macht, widmen. – Unsere Unzulänglichkeit ist selbst verschuldet.

Das Bewusstsein eigener Unvollkommenheit hat mich seit der Schulzeit nicht verlassen: mit den in meinem Diktatheft von roter Tinte übersäten Korrekturen meines Deutschlehrers trat bei mir die in den Kopf schießende Röte in einen aussichtslosen Wettbewerb.

Ich rede in diesem Buch auch der Schönheit des Wortes in Beispielen das Wort. Und ich bin mir bewusst, dass manches altmodisch ankommt und gegenwärtigen Zeiterscheinungen nicht entspricht. Die Schönheit ist nicht tot, aber in einer garstigen Zeit vertritt sie sich anderweitig die Füße.

Worte und Rechtschreibung

- 12 Worte denken – Worte reden
- 16 »Is was?« – »Ich hab Hunger!« – »Iss was!«
- 22 »Sähr witzisch«
- 27 Von der Verfertigung der Gedanken
- 32 »Mehr aufs Lautliche denn aufs Buchstäbliche«

WORTE UND II RECHTSCHREIBUNG

Worte denken – Worte reden

Wir alle gehören der redenden oder plappernden Menschheit an. Und es ist zu bedauern, wenn das Mundwerk im Wettlauf mit der Nachdenklichkeit ständig obsiegt und den Hohlraum zwischen den Ohren freigibt. Meist in unheilvoller Allianz mit einem Selbstbewusstsein, dem auch mit Kritik nicht beizukommen ist. An der Sprache können wir unsere Zeit studieren und uns selbst kontrollieren. Wer sich nicht klar mitteilen kann, kann auch nicht klar denken. Je klarer der Inhalt, desto treffender die Worte.

Ich bin mir der Großartigkeit des Schweigens bewusst. Insbesondere, wo das Schweigen so selten und das Reden so überflüssig übermächtig ist. **Durch Schweigen ist noch kein Friede gestört worden, durch Reden sehr wohl und sehr oft.** Im Reden scheinen wir aber der Leibhaftigkeit unseres Daseins wohl am nächsten und der Unsterblichkeit am entferntesten zu sein. Nun ist »Unsterblichkeit nicht jedermanns Sache« (wie KURT SCHWITTERS schon feststellte), und Sterblichkeit meinen wir mit Worten aufhalten zu können wie die Angst durch lautes Pfeifen im dunklen Wald.

Worte zu finden, die nicht – wie beim Wort zum Sonntag – den Zuhörer einschläfern, fordert einen Gebieter der Sprache, dessen Charakter in der Lage ist, dieser Sprache Wert und Bedeutung zu verleihen, nicht nur durch Beherrschung der Worte, sondern durch Bemächtigung des Stoffes, des Wertes, für den man Worte findet. *»Es trägt Verstand und rechter Sinn mit wenig Kunst sich selber vor.«* (GOETHE)

Wortreich wird, so heißt es, wen der Geist verlässt. Wer viel redet, erfährt wenig. Wer aber die Fähigkeit zum Begeistern hat, der findet auch die Worte dafür. Und die sollte er in Sätze mit einem überschaubaren Anfang und Ende fassen. Denn überflüssige Worte verwässern ihren Zweck, wirken ihm entgegen. **Wir sollten wieder lernen, so klug und verständig zu reden wie kleine Mädchen mit ihren Puppen.**

Seien Sie skeptisch gegenüber Leuten, die jeden Satz mit »ich persönlich« anfangen. Wer sonst wohl könnte denn mit »ich« gemeint sein? Hüten Sie sich vor Füllworten: *»sozusagen«, »jedenfalls«, »irgendwie«, »geradezu«, »ich sag mal so«* oder *»ehrlich gesagt«*. Ist der Rest also unehrlich? Hüten Sie sich vor Sätzen mit *»zwar – aber«*. *»Alles ist richtig. Auch das Gegenteil«*, sagte TUCHOLSKY, *»nur zwar – aber, das ist nie richtig.«* Ich kann also sagen »durch

Schaden wird man klug« und »durch Schaden wird man dumm«. Beides ist denkbar. Nicht aber »durch Schaden wird man zwar klug, aber dumm«. Natürlich wird man lieber vor Glück dumm als durch Schaden klug. Denn Klugheit hat noch nie vor Dummheiten geschützt.

Hüten Sie sich vor Behördendeutsch: *»bezüglich«* (Bezüglich Ihrer Ausführungen vom…), *»mittels«* (Wir haben die Lücken mittels Spenden gedeckt, nicht mittels Haushaltsmitteln), *»seitens«* (Störungen seitens Gewerkschaftsorganisierter…), *»gemäß«* (Gemäß Amtsverfügung vom…), »Mein Standpunkt ist ein verschiedener« (er möge sanft ruhen).

Es genügt, wenn man seine Gedanken mitteilt, nicht auch noch das Denken der Gedanken, was den Leser hindert, gleich beim ersten Lesen zu verstehen. Sonst müsste man, was schmerzlich sein muss, den Gedanken mehrmals *»ins Auge fassen«*.

Das Spiel mit den Worten mit Doppelsinn darf nicht zur unfreiwilligen Komik werden. Etwa: »**Wir bilden einen Ausschuss**« (das Wort sagt schon alles) oder der Doppelsinn im Wort *»Familienbande«*, der oft, wie Karl Kraus feststellte, einen Beigeschmack von Wahrheit hat. Fehlleistungen in der Wortwahl, missverstandene, mehrdeutige, doppelsinnige, widersprüchliche, ungeordnete Aussagen säen Misstrauen oder bewirken Weghören.

Was sind herrenlose Damenfahrräder?
Ist minder giftig bereits gesundheitsschädlich?
Was ist, wenn eingesetzte Ersatzzähne zur vollsten Zufriedenheit ausgefallen sind?
Oder wenn der Bundespostminister an seinem Schreibtisch sitzt und die Post erledigt?
Wer über eine gute Barschaft verfügt, ist *flüssig*. Ist jemand, der reichlich davon hat, dann *überflüssig*? Auf seine Worte zu achten, heißt nicht, sie wortwörtlich zu nehmen, sonst hätte der *»Leichenschmaus«* etwas Kannibalisches und das *»Katerfrühstück«* etwas schwer Genießbares. Der *Zitronenfalter* faltet keine Zitronen, der *Zinsfuß* passt in keinen Schuh, der *Adamsapfel* und die *Quadratwurzel* schmecken nicht.

Der Doppelsinn steht im Gegensatz zum Reim, der unterschiedliche Bedeutungen in einem Gleichklang zusammenfasst:

> Kinder weinen.
> Narren warten.
> Dumme wissen.
> Kleine meinen.
> Weise gehen in den Garten.
>
> JOACHIM RINGELNATZ

Der Reim zuvorderst verbindet weinen – warten – wissen – meinen – Garten. Die Bedeutung vernachlässigt strenge Logik. Und wird damit Poesie.

Leute, die unentwegt sprechen, ohne etwas zu sagen, sind noch einiges schlimmer als diejenigen, die wohlmeinend nach Worten ringen. Die Dampfplauderer haben sich der ermüdenden Notwendigkeit, denken zu müssen, enthoben (How can I know what I think, before I hear what I say?).

MATTHIAS CLAUDIUS hat in den beherzigenswerten Sätzen an seinen Sohn Johannes geschrieben:

> »Worte sind nur Worte, und wo sie so gar leicht
> und behende dahinfahren, da sei auf deiner Hut,
> denn die Pferde, die den Wagen mit Gütern hinter
> sich haben, gehen langsamen Schrittes.«

Wer es gewohnt ist, seinen täglichen Problemen in Augenhöhe zu begegnen, sagt auch Dinge auf die Gefahr hin, dass sie so verstanden werden, wie sie gemeint sind. Manchesmal spricht allerdings das, was man *nicht sagt,* eine deutlichere Sprache als das, was man *sagt.* Es gibt ein beredtes Schweigen. Und es ist nicht selten, dass Worte gebraucht werden, um Gedanken zu verbergen oder um ihre Abwesenheit zu verschleiern.

Worte mit Mut und Klarheit aufzuladen und unverdünnt zu verabreichen, liegt uns nicht. *Wir Deutsche sitzen ja lieber hinter einem Schalter, als dass wir vor ihm stehen.* Davor sind wir zu nichts, dahinter zu allem fähig. Von den Ängstlichen und Angepassten wusste ERNST BLOCH:

> »Sie sagen nicht so und nicht so, damit es hinterher nicht heißt, sie hätten so und so gesagt.«

Es gibt aber nicht nur eine Redeangst der Schwächlichen, sondern auch eine der Redlichen, die ihre Worte nicht nur zählen, sondern auch wägen und wählen und bedenken. Sie sind in der Minderzahl gegenüber denjenigen, die Sprache gebrauchen, um zu verdrehen, zu verblenden, zu verleumden oder zu verstümmeln. Wir erfahren keine Gedanken, sondern schlucken Kröten. **Wir vermissen immer häufiger Geduld.** Und damit auch die Fähigkeit zur Duldung.

Außer den Fremdsprachen überschreitenden Möglichkeiten des Verstehens über Lautstärke, Klang, Melodie, Stimmung einer Sprache sind es die Mimik, das Mienenspiel, und die Gestik, die Gebärdensprache, die uns Auskunft über ein Gespräch geben können. Beides ist in den einzelnen Völkern weitgehend bis völlig gleich, schon vom Babyalter an. Der Ausdruck von Freude oder Schmerz, von Angst oder Wut, Schreck oder Spaß oder Ärger ist ablesbar, ohne eine begleitende Sprache zu verstehen.

Das Entdecken wirklicher Gefühle lässt sich aus Partien in der Mimik, die nicht bewusst steuerbar sind, besser ablesen als den Worten anhören. Computer können die Deutung menschlicher Mimik bereits weitgehend unterstützen: Geheucheltes Lächeln ist von echtem Lächeln an der Folge unwillkürlicher Muskelbewegungen zu unterscheiden. Deshalb ist das unmittelbare Gespräch – von Angesicht zu Angesicht – das sicherste, stärkste und aufschlussreichste Kommunikationsmittel.

»Is was?« – »Ich hab' Hunger!« – »Iß was!« (vor der Reform)

oder »Is was?« – »Ich hab Hunger!« – »Iss was!« (nach der Reform)

Es gibt die Möglichkeiten, Sprache misszuverstehen, wenn man sie nur hört. Und es ist möglich, sie besser oder anders zu verstehen, wenn sie aufgeschrieben ist: *»Hänschen, sag mal piep!«* – *»Peep!«* Geschrieben sagt das etwas anderes als gesprochen. *»Geh mal vom Weg weg!«* (… *vom Weeg wech!*) lautet anders als geschrieben.

Rechtschreibreformvorschläge, die mit der Regelmäßigkeit langfristiger Gezeiten auftreten, liefern sich Kämpfe um die Grenzbestimmung der Vernunft. Die Sprachbewahrer rufen die Kosten-Nutzen-Rechner auf den Plan. Die Rationalisierer machen den Sinn platt. Die einen werfen den anderen vor, dass sie die Entwicklung ver**passt** haben. Die anderen werfen den einen vor, dass sie die Entwicklung ver**patzt** haben. Die Sprache reformiert sich ständig. Das Schreiben reformiert sich langsam. Was der eine widernatürlich findet, findet der andere schon wieder natürlich.

Als Kinder haben wir einen Merksatz für die Groß- und Kleinschreibung verscheißert: »Alles, was man sehen und anfassen kann, wird großgeschrieben.« Beispiel: »Der Hund sitzt hinterm Ofen.« Der – wird kleingeschrieben. Hund – kann man nicht anfassen, wird kleingeschrieben. Sitzt – wird kleingeschrieben. Hintern – kann man anfassen, wird großgeschrieben. Ofen – je nachdem: sommers groß, winters klein. Ob nun so oder so geschrieben: »der hund sitzt Hintern ofen« ist verständlich. Heute wird ein Wort, vor das man einen Artikel setzen kann, großgeschrieben: Im Großen und Ganzen ist das Nächste wie das Fernste, also nicht wie das Letzte, sondern im Allgemeinen das Beste. Zwar gelernt, aber nie begriffen: *der* Fluss (Teich), *die* (der) See, *das* Meer. *Drei Artikel* für *ein Grundelement:* Wasser. »Deutsche Sprach schwere Sprach.«

Natürlich sucht man gern nach den Grenzfällen, um den Zurückhaltenden oder den Fortschrittlichen wieder Land abzunehmen. Ist die Schmerzgrenze bei »Keiser« (für Kaiser) überschritten? Soll man Fater mit F wie Fingsten schreiben? Der »Filosof« mit einem Anfangs- und einem Schluss-f kommt einem wie ein Leichtgewicht unter den Liebhabern der Weisheit vor.

Natürlich ging es der Reform zunächst mal an den Kragen. Natürlich soll sich der Staat nicht um jeden Scheiß kümmern. Aber tut er es nicht, dann ruft man nach ihm. Natürlich geht es in einem Rechtsstreit um die Reform, einem Professor (wem denn sonst) um »die psychische Integrität« seiner fünfzehnjährigen Tochter, gefährdet durch die Rechtschreibreform, die per einstweiliger Anordnung gestoppt werden muss. **Wenn Schulmeister Schulmeister schulmeistern, ist selten Witz und Weisheit angesagt.** Da schon zunehmend oft die Bedenkenlosen ohne Skrupel ihre eigene Schreibweise praktizieren, ist das überflüssig wie ein Kropf. Wer aber Tatsachen schafft, muss gestoppt werden. Auf unbestimmte Zeit. (Bis Tochter Alena fuffzich is?) Heiliger Bimbam: Brauchen wir länderspezifische, nein, familienspezifische Schreibweisen? Aber Karlsruhe, das Bundesverfassungsgericht, muss uns das bestätigen, erlauben. Gegen die Bürgerbelästigung Reform des rechten Schreibens.

Dass das »dass« nach wie vor als das und dass geschrieben werden muss, weil zwischen Konjunktion und Artikel zu unterscheiden ist, das ist die Höhe, die Höhe, dass das »dass« nicht mal das oder dieses oder jenes ist. Das »ß«, eine der formschönsten Figuren im Alphabet, zischt nun gelegentlich dreifach: *Schlossstuben, Basssänger, Nussschale.*

In einem Weihnachtsbrief erfährt man: »Das Fest zu Ehren Navitatis Christi war fulminant. Der Karpfen in aufgelöster Butter mit altem Rotwein hat allen konveniert. Die Eisbaisers wurden mit Kosewoten belegt. Dergleichen hat man lange nicht gehört.« In der Tat. Das sind Kreise, in denen noch Hunderttausende für Erziehung ausgegeben werden und Sprache und Sprachen zur Grundausstattung der Bildung gehören. Überhaupt: Warum gibt es noch keinen Oscar für die Formulierung von Menüzusammenstellungen? Wer wäre nicht bereit, für ein Silvestermenü drei Blaue hinzublättern:

> »Champagner-Cocktail, Parfait vom Kaisergranat und Basilikum, Souffliertes Bressetäubchen auf Winterpilzen, Seezunge und Jakobsmuscheln in der Knusperhülle, Heißer Rinderpunsch mit Vintage-Port, Rehrücken im Gewürznudelteig und Roueneser Sauce, Montbriac auf Reibekuchen, Süße Impressionen im Anturienblatt.«

Bon appetit! (Bon à petit ... – »alles Gute für die Kleinen«) zitiert nach Otto W.

Beim Treffen der Elegants und Snobs ist der Elegant schwerer auszumachen. Der Snob gibt sich durch Galeriemonokel, Gamaschen und Plastron willig zu erkennen. In diesem *Miljö* werden auch Schmiergelder als »Verkaufsnebenkosten« steuerlich anerkannt, und niemand muss zugeben, dass er selbstverständlich das Finanzamt bescheißt, denn sonst gehörte er ja nicht dazu. Der ratlose Gesetzgeber schweigt und schwaikt oder schweykt? Die Sprachneurosen verbreiten sich epidemisch und erreichen – Gott sei Dank – sehr schnell ihre Halbwertzeit.

Manch einer braucht morgens einige Zeit, um seine Sprechwerkzeuge zu üben, um zu verständlichen Sätzen zu kommen, die keine Rätsel mehr über eine zu erwartende Tagesform aufgeben. Es gibt aber Blicke, die man sprechen lassen, Hände, die man zu einer Annäherung, einer Frage, einer Abwehr bewegen kann.

Toleranz muss Vorurteile und Fehlurteile abbauen und nicht als zwanghaftes Zugeständnis versauern. Eine Reform wäre gut, wenn sie einem wieder Lust auf deutsche Sprache macht, weil ihm Unwissen über die Schreibweise nicht das Wort nimmt. Diese Reform schafft das aber nicht. **Ob beim Legastheniker das h bereits nach dem L oder spätestens nach dem t kam, musste ich immer wieder nachschlagen.** Gerade diese Mangelerscheinung der Richtigschreibung sollte doch sicher machen, dass man unter ihr nicht leidet. Andererseits sollte man Worte, die man weiß, nicht vermeiden, weil man nicht weiß, wie man sie schreibt. »Belämmert« habe ich schon früher – vorauseilend – richtig geschrieben, also damals falsch. Magazinjournalisten und Sportkommentatoren können **an ihren Sätzen nur verbale Spoiler anbringen.** *Unflätige* gibt es, aber niemanden, der *flätig* ist, *unwirsch* kann er sein, aber nicht *wirsch*. **Am Bildschirm stirbt immer mehr Umgangssprache.**

Sprache ist lebendig. Jede Reform ist eine Anpassung an eine Entwicklung. Eine völlige Freigabe der Rechtschreibung wäre eine kluge Entscheidung, *wenn* (!) genügend Sprachempfindung und Sprachverantwortung da wären, um dem Verstehen zu dienen. Das ist aber abnehmend weniger der Fall. **Totale Freigabe öffnet der Vieldeutigkeit die Tore, befördert das Nichtverstehen.**

Es wäre besser, wenn Lehrer die Zeit, die sie für die Richtigschreibung nach Regeln verbringen, der Recht-Schreibung, *dem rechten Schreiben* widmen:

der Wortwahl, der Erweiterung des Wortschatzes (falls das Wort »Schatz« angebracht ist), dem Bau eines Satzes, der Trefflichkeit des Ausdrucks. Als alles und nach vielem Gezerfe bereits »in trockenen Tüchern« war, meldeten sich die Dichter zu Wort (der Penn!-Club), nachdem Jahre nachgedacht und diskutiert wurde. Nun streiten sich Eltern, Lehrer, Juristen, Germanisten, Verleger, Dichter und Denker erneut.

Die Reglementierungswut der Deutschen hat nicht immer nachvollziehbare neue Regeln für bis dato genauso zweifelhafte Regeln festgeschrieben. Nur: Diejenigen, die es angeht – die Generation der in der Ausschulung stehenden Jugendlichen –, zeigen keinerlei Reaktionen: Sie interessieren sich nicht dafür, sie machen mit einer gnadenlosen Wurstigkeit ihre Fehler ohne Gewissensbisse und freiweg. Sie werden sich überwiegend nicht an die Neuregelung halten, sondern drauflosschreiben wie gehabt.

»Recht« schreiben kann nur der Gesetzgeber und Gesetzeswahrer. Richtig schreiben sollte man – gnadenbefristet – denen überlassen, die zu schreiben noch bereit sind. Das ist ein hohes Gut.

Unsere Wahrnehmung ist schon von Geburt an begrenzt, erlebt Täuschungen, Fehleinschätzungen im Sehen und Hören. Sonst hätten wir nicht so viele Probleme mit dem gleichen Wortstamm »wahr«: *Wahrheit · Wahrnehmung · Wahrhaftigkeit · Wahrheitstreue · Wahrsagung · Wahrscheinlichkeit · gewahr werden · für wahr nehmen · bewahrheiten.*

Auch die Wirklichkeit wird abgerichtet, hinters Licht geführt, vor dem Licht überführt und dann ins Licht gestellt. Natürlich macht es Spaß, eine vernünftige Lösung bloßzustellen (oder bloß zu stellen?), etwa: ein Kaninchen aus dem Ziehlinder zu ziehen. So viel für *heute*. So viel für *Häute*?

Das vergangene Jahrhundert begann mit einer Rechtschreibreform und endet damit. Bereits die erste Reform (1901) hat einer Vereinfachung *Thür* und *Thor* geöffnet. Nach einer gegenwärtigen Zehnjahresdebatte sind von 212 Regeln 112 verblieben. Die Ausnahmen haben sich jetzt mehr als verdoppelt. Zu viele wollen Recht haben in einem Land der Pfennigfuchser und Krümelkacker.

Dem Schreiber mag allein das Nachdenken oder Nachschlagen einer Schreibung schon ein Hilfsmittel sein und zu einem oft vermissten Wortgefühl und Wortsinn verhelfen. Natürlich kann ein bewusstes Abweichen manchmal besser vermitteln, was man meint. Die *»Deutsche Gesellschaft für Photographie«* meint mit und versteht unter »Photographie« etwas anderes als der *»Bund freischaffender Fotodesigner«*. Und »Typographie« meint etwas anderes als »Tüpografi«: der Satzgestalter will kein Textausgeber sein.

Ein Büro als *Bureau* wäre nur noch mit Stehpult, Tintenfass und einem korrekt gekleideten Adjunkten mit Ärmelschoner denkbar. Ob ein Glas Bier *halb voll* oder *halb leer* ist, ob man *davor* oder *dahinter* sitzt, lässt auf eine positive oder weniger positive Lebensgrundeinstellung schließen.

Der Umgang mit Anglizismen hält nicht immer mit der Kenntnis der Übersetzung und Wortbedeutung Schritt. Er vermittelt aber ein Stewardessenflair. Sie weiß zwar, dass *»cash flow«* keine Fluggesellschaft ist, aber ihre Sprache ist *anglofil* verkünstelt. Die *Macworld* gibt *Infos* für *Profis*. Man ist täglich *online* im *Internet*. Der *High-* und *Trommelscanner Colomax D* will den *Power User* beglücken (obwohl Glück in der Schöpfungsgeschichte nicht vorgesehen ist). Es wird etwas auf Trab gebracht, Routine beschleunigt, der Alltag erleichtert. Ist das nicht toll? Ja, das ist nicht toll! (Isn't it great? Yes, it isn't!) Aber die *Fastfoodworker am PC* haben die Welt nicht mehr im Griff. Vorwärts ins 19. Jahrhundert geht auch nicht mehr. Auch wieder zum Buch zu greifen, wird niemandem helfen bei dem, was er selbst tun könnte, was er selbst tun sollte.

Oft hilft die Trennung eines Wortes, auch mitten in der Zeile: ein *Teeei* ist als *Tee-Ei* besser identifizierbar und der *Tee-nager* ist kein Nagetier, sondern ein *Teen-ager*. Auch Wortsinntrennung ist von Vorteil: Eine *Wachs-tube* ist etwas anderes als eine *Wach-stube*. *Allein stehend* kann ein Single sein, *alleinstehend* sagt das eindeutiger. Ob es besser ist, allein stehend oder allein liegend zu sein, muss man nach dem Umstand entscheiden.

Wer sich, wie GOTTFRIED KELLER, nach der augenblicklichen Eingebung entscheidet, und das sei dem Dichter zugestanden, bewegt sich heute im Graubereich zwischen Rechtschreibreform und Schreibfehler (was gräulich ist). Er kann dennoch zum Sprachverstand einen Beitrag leisten.

Wenn Denkarbeit noch nicht beendet ist, darf man breiter fächern, tiefer staffeln. So lange, bis man zu einem einfachen und eindeutigen Satz, zu klaren und verständlichen Worten kommt.

Jeff Koons, Starentertainer auf dem Kunstmarkt mit seinem Banalitätenkabinett und Sprecher der Leichtlohngruppen des künstlerischen Denkbetriebes, macht es den Katalog-Schreiberlingen schwer, seinem Stuss die museale Weihe zu geben. So kommt es zu Zauberformeln wie dieser: »*Jeff Koons betreibt eine Doppelkodierung des Simulacrums: eine Fiktionalisierung der Materialität von Fiktion.*« Da hat wohl jemand die Lufthoheit über seinen Gedankenflügen verloren. Wem da der Denkapparat nicht auskoppelt, der gehört auf die Couch.

Der Berliner Justizsenator veröffentlicht in Buchstärke »Nachfolgeverordnungen zur Änderung der Milch-Mitverantwortungsabgabeverordnung«. Dass da zwischen der Kuh und dem Milchtrinker nichts sauer wird, ist nur einer ausgereiften Verarbeitungstechnologie zu danken.

Eine Nachwuchsband »Lonjumpmin« macht »ganz rationale Bauchmusik«. Da schreibt sich der Jörg »jörk«, der Ralf schreibt sich »ralv« und der Jürgen »jyrgen«. In ihrer Programmmusik soll es weder Strophen noch Refrains geben. Ihr Hit heißt »wie weit ist es noch« – ohne Fragezeichen. Es wird nicht mehr weit sein. Das ist kreativ und lustvoll und wird bald keine Subkultur mehr sein.

Merke: »Der   Duden heißt Duden,
          damit Du den mit der neuen Rechtschreibung,
          und   Du den mit der alten Rechtschreibung,
          und   Du den oder jenen erfinden kannst,
          der Deinem subtilen Sprachgefühl und Deiner
          Rechtschreibschwäche das Richtige recht macht.«

Die Deutschlehrerschaft wird sich wohl mehr auf Schadensbegrenzung denn auf Regelerfüllung einrichten müssen, wenn die Kids ihre Zungenroller und Wortbrüche aufs Papier bringen. Was ihnen unbekümmert aus der Feder fließt oder von der Kugel rollt, führt – selbst nach Bescheinigung der Reife – zu einem alarmierend hohen Schadstoffgehalt. Vielleicht war dies die mühevoll erkämpfte letzte Reform, der sich ein nächster Versuch in entsagungsvoller Ergebung in sein Schicksal fügen muss.

»Sähr witzisch«

Die Zehnjährigen sind gern bereit, ihren Lehrern am *»Kompjuter«* einiges beizubringen. Aber als Gegengeschäft wollen sie nicht die neue Rechtschreibung lernen: *»Ist das witzisch? Das sind doch alles Spastis und Gruftis, die sich das ausgedacht haben!«* Ob ihnen nicht ein Schülerleben mit Ungereimtheiten ein Graus ist? *»Das geht uns am Arsch vorbei.«* Sie wollen nicht, und die Älteren haben mit der Reform ihre Umgewöhnungsprobleme.

Die Wolken und der Platzpatronenpulverqualm im Kampf um die letzte Reform haben sich verzogen und ziehen erneut wieder auf. Verbalkriegsähnliche Zustände haben weder Sieger noch Besiegte hinterlassen. Die vorletzte Reform, 1901, hat zu lange auf Erneuerung warten müssen, um friedlich voranzuschreiten. Sie war gut. Lediglich der gehorsamst informierte Kaiser bestand darauf, dass dem Wort Thron sein hoheitliches h erhalten bleibt, *während ohne »h« T(h)al und T(h)eil, T(h)ür und T(h)or offen standen.*

Die Schulbuchverleger schwangen die Kostenkeule. *»Reform kostet Milliarden!«*, dröhnten die Gazetten vierspaltig. *»Bei mehrjähriger Übergangszeit entstehen keine nennenswerten Kosten«*, kontern die Reformer. Was ist ein Nennenswert? Fünf *Milliarden* sagen die Verleger. Ein deutsches Lust- und Trauerspiel, ein sehr deutsches. Die Reform betrifft noch nicht mal ein Prozent des großen überwiegend im Tresor liegenden Schatzes unserer Worte. Aber von überall her wurden die Absonderheiten und Spektakularitäten zusammengetragen und in spaltenlangen Glossen verunglimpft.

Unvernünftiges beseitigen: ja; Vernünftiges bewahren: ja. Aber nicht versteinern. Wir schreiben nicht mehr *Bureau* und *Telephon*, sondern Büro und Telefon, also werden wir uns auch daran gewöhnen, *Bravur* statt *Bravour*, und *Ketschup* statt *Ketchup* zu schreiben. Die Aussprache wird eher erleichtert. Aber der *Philosoph* mit etwas mehr Eigengewicht als der Filosof bleibt uns erhalten und gegen *Delfin* muss man nichts haben.

Die Rechtschreibung, die eine Vereinfachung erfahren sollte, hat auch einiges verdreifacht: Schifffahrt, Balletttänzer, Stalllaterne, Knalllaute, dass die Stofffetzen fliegen, *fiderallllalllalllalaa*. Man sollte das möglichst so absetzen, dass das dritte f, t, l nach der Trennung in die nächste Zeile kommt: Stofffetzen. Das ist natürlich nicht immer hinzukriegen.

Die Dichter haben sich spät, dann aber nachdrücklich gemeldet. Dreißig Namhafte (haben wir so viele?) lehnen »*eine Anwendung auf unsere eigenen Texte*« ab. Die sechzehnbändige Werkausgabe von GÜNTER GRASS erscheint nach alten Regeln: Dünnschiss bleibt Dünnschiß (auch bei Analphabeten). SIEGFRIED LENZ nennt die Regeln einen »*kostspieligen Unsinn*«. Sein jüngstes Werk »*Arnes Nachlaß*« behält das ß. Immerhin: Nach einem langen Vokal bleibt es auch erhalten: Straße am Fluss. Dass es nicht zu einem BRSchRG *Bundesrechtschreibreformgesetz* gekommen ist, zeigt erfreulich die Grenzen deutscher Gründlichkeit und wissenschaftlicher Wesentlichkeitstheorie. Dreiundzwanzig Verwaltungsgerichte, sieben Oberverwaltungsgerichte und schließlich auch das Bundesverfassungsgericht sind von den Kaputtredern angerufen worden, über »*die richtige Schreibung der deutschen Sprache im Schulunterricht*« zu urteilen. Den extrem niedrigen Rechtschreibstandard werden auch keine Suchmaschinen mit Herkunftsauskunft über Schreibweisen verbessern. Schleswig-Holstein, meerumschlungen, konnte trotz Volksbefragung keine Sprachinsel werden.

Von der Unsitte, für alles und jedes ein Gericht anzurufen, was das Verfassungsrecht zulässt, wird ausgiebig Gebrauch gemacht. Ein Recht auf Lebenserfolg nach Absolvierung der Schulpflicht ist allerdings noch nicht einzuklagen. Viel Wissen veraltet bereits vor Ablauf einiger Schulpflichtjahre. In einer neuen Zeitrechnung hat ein Internetjahr nur noch drei Monate. Da können wir doch Ostern und Pfingsten auf einen Tag legen. Verständigung und Sinngabe beruhen mehr auf Wortwahl und Satzbau als auf korrekter Rechtschreibung. Sprache vermittelt Sinn. Es ist gut, ihre geschriebene Anwendung zweckorientiert formal zu organisieren.

Wer mit einem 700-Worte-Schatz auskommt, der wird vielleicht nie mit der neuen Rechtschreibung in Konflikt kommen. Wann braucht man sie schon mal: *belämmert* oder *Quäntchen*. Meine Schul-Diktathefte sind eine traumatische Erinnerung: »*Bloß ein bisschen Gris*« hatte bei vier Worten bereits drei falsch geschriebene. Menschen mit potenziell nationaler Einstellung, die »*ihren alten Keiser Wilhelm wieder ham*« wollen, werden ihm auch das kaiserliche »*a*« erhalten und bewahren.

Von der Maas bis an die Oder und von der Etsch bis an den Belt wird deutsche Sprache so unterschiedlich gesprochen, dass Norddeutsche Schwierigkeiten haben, Schwaben und Bayern zu verstehen. In der schriftlich fixierten

Schprache weiß man weniger, an wen sie gerät. Bayern können Josef Filsers »*Gesammelten Briefwechsel*« nur langsam lesen, wie Mecklenburger das Plattdeutsch von Fritz Reuter. Das unergründlich souveräne Volk müsste jeden Eingriff in den Lebenslauf eines jeden aufgrund seiner Befangenheit ablehnen oder sich stimmenthalten.

Eine *Volksbefragung*, mehrfach gefordert, hätte das grotesk bestätigt. Mit dem Heiligen Vater hat der holsteinische Landwirt weniger am Hut als der oberbayerische Gebirgsbauer, und den *Blanken Hans*, eine Sturmflut, kennt der Älpler nicht. Mancher würde bei konsequenter Kleinschreibung vor Entsetzen brüllen, ein anderer wüsste nicht, weshalb. (»Helft den armen Vögeln« ist noch immer das Lieblingsbeispiel.)

Wenn durch eine Reform Unkenntnis und Unwissen zum Normalfall werden, hat sie ihren Zweck verfehlt. Sie wird nicht beachtet. Die Verbesserung der Rechtschreibsicherheit ist durch Vereinfachen und Ausscheiden unvernünftiger Regeln auf einen glatteren Weg gebracht worden. In der Groß- und Kleinschreibung, der Silbentrennung, Zeichensetzung, Getrennt- und Zusammenschreibung, im Umgang mit Dehnungszeichen und Fremdwörtern haben sich die Gewichte in eine einfachere und einleuchtendere Richtung verschoben.

Weil der Wortstamm die Schreibung bestimmt, wird nun Stängel (Stange), *Gämse* (Gams), *nummerieren* (Nummer) und *belämmert* (Lamm) geschrieben. Es wird nach Sprechsilben getrennt: *Wes-pe*, *Pa-cker*, ob ich nun *Päd-a-go-ge* trenne oder *Pä-da-go-ge* wird sicher keinen Grund zum Sitzenbleiben in der Schule abgeben. Der Polizist, der einen Gemüsedieb aus dem Rhabarberfeld ins Salatbeet treibt, bevor er ihn stellt, begründet das damit, dass er beim Berichtschreiben nicht weiß, wie *Rhabarber* geschrieben wird.

Und gleichberechtigt bleiben *Katarrh* und *Katarr*, *Portemonnaie* und *Portmonee*. Ohnehin betreffen sehr viele Änderungen nicht gerade unseren täglichen Wortschatz, so dass die Angehörigen unserer Sprachgemeinschaft den Zugang zur Schrift nicht weiter erschwert bekommen. Der Staat darf den Lehrern und Behörden Befolgung der Reformen abverlangen, in den bornierten Gerichtsanrufungen, die der Rechtschreibung galten, gibt es dennoch Sprachgebilde, die so unterschiedlich anzusehen sind wie der Mensch. Warum gibt es einen Solidaritätszuschlag, aber keine Fahrgastkontrolle und keinen Ratshausplatz? Warum hat der Mensch zwei ungleiche Gesichtshälften?, müsste man da zurückfragen. Und besser reden wir deutsche Worte: um nicht *Gilljutine* sagen zu müssen, sagt uns das **Fallbeil** ganz deutlich, was es macht. Und *Aquaplaning* **sind keine Wasserspiele, sondern das ist eine hoch gefährliche Sache, die mit Aufschwimmen genau sagt, was sie verursacht. Und Zeitlupe** sagt bei uns einer größeren Zahl von Menschen mehr als *slow motion*.

Die Systematisierung der Regeln und Reduzierung der Detailfestlegungen wirken sich langfristig positiv aus. Der eine geht zum *Eislaufen* und der andere will schnell nach einem *Eis laufen*. Ob das Wetter *frühlingshaft* ist oder sich einer zur *Frühlingshaft* knastwärts begibt, klärt jeweils der Zusammenhang im Gebrauch dieser Worte.

Es gibt darüber hinaus absichtsvolle Schreibweisen. **Wer Gemüth schreibt oder Heimath, spricht von verloren gegangenen Gefühlswelten.**

Die Reform kann nur eine Angleichung an Konventionen sein. Der Streit um Aufwand und Nutzen mag unökonomisch sein. Über Gesundheits-, Steuer- und Rentenreformen können wir, vom nationalen Jammer begleitet, auch Jahrzehnte streiten. Wenn man schreibt, wie man hört, sich der Herkunft seiner Worte klar ist oder sich darum bemüht und sich etwas Zeit nimmt für Wortwahl, Satzbau, Wortsinn (bis zum Hintersinn), bis zum Klang seiner Worte, dann ist man schon Reformer ohne Duden-Diktat.

> Das Känguru das geht zur Ruh.
> Die Waage die steht auf dem Wagen.
> Der Apoteker trinkt mir an der Theke zu.
> (Ich schreib mich um Kopf und Kragen)

Einen Jesus Christus und einen Wilhelm Tell hat es – allen Nachforschungen zum Trotz – nicht gegeben. Dennoch ist ihr Leben und Handeln, sind ihre Worte und Taten von Generation zu Generation weitergegeben, ausgedeutet, verbreitet. Weder Beweise noch Widerlegungen sind absolut. Daraus müsste man schließen: Ideen und Verhalten haben ein Eigenleben. In einem jungen philosophisch-psychologischen Wissenszweig, der »Memetik«, wird geforscht nach der Evolution der Lebensweise des Menschen und was sie bestimmt. Ob es jahrtausendealte Lehrsätze des PYTHAGORAS oder die Relativitätstheorie EINSTEINS sind: Sie siedeln über lange oder kürzere Zeiträume in den Köpfen, tauchen im Unterricht, in Gesprächen, Büchern,

Diskussionen auf. Sie drängen ins Freie, helfen uns im Überlebenskampf, suchen Vervielfältigung, geben Orientierungshilfen.

Der ein Jahrhundert zurückliegende Bund von Altar und Thron hat eine Vielzahl eingebildeter und als Wahrheit ausgegebener Überlebensregeln in die Welt gesetzt, in die Geschichte des Abendlandes verflochten, missionarisch über Grenzen und Einflussgebiete verbreitet. Jesus von Nazareth, der zwar bekannte, dass sein Reich nicht von dieser Welt sei, hat bis in unsere Tage mit seiner Lehre viele Köpfe im Diesseits beseligt, verwirrt und beseitigt. Diese Erfindung eines Menschen hat schon zwei Jahrtausende überlebt als Phantom, als Mythos, als ein Gottwesen, als ein Nichts.

Die Schöpfung hat allüberall ihren Einfällen eine üppige Ausstattung zu ihrer Verbreitung mitgegeben: sei es der Fruchtabwurf einer Kastanie, die Abermillionen Eier eines Polypen, die in den Wind verwehten Samen des Löwenzahns, der Pusteblume. Die Fiktionen des Elektronischen bringen schnell neue Phantome hervor, die dem Wechsel aus weniger erträglichen Verhältnissen neue Hoffnungen gibt.

Werbetexter halten sich nicht strikt an die Rechtschreibreform. Schon im Kriegsjahr 1915 hat ein Dr. Artur Hartmann eine achtseitige Druckschrift zum Preis von 10 Pfennig als »*Anleitung für iederman fehlerlos zu schreiben*« herausgegeben: die »*Folksrechtschreibung anstat schulrechtschreibung*«. Schon damals ging es um die Verschwendung von Zeit und Geld. Jeder sollte »*seinen brifen einen abdruck beilegen*«. »Zopf ab!« war die Parole:

> »Di deutsche rechtschreibung nämlich ist nichts weiter als ein wares schulkreuz; den wen man di zeit, di dafür aufgewendet wird, den ärger, den si eltern und lerrern bereitet, di tränen, di um iretwillen fon den schülern alliärlich fergosen werden, sumiren könte, man würde erschreken über das unheil, das diser unterrichtsgegenstand iar für iar anrichtet. ... Es werden mindestens siben prozent der schulzeit wärend der acht schuliare auf kosten der rechtschreibung gesezt. 25 milionen lererarbeitsstunden, di iärlich 35 milionen kosten.«

(Damals sehr viel Geld.)

Von der Verfertigung der Gedanken

Die Generationen trennt der Sprachgebrauch. Wir können ja, wenn wir auf die Welt kommen, einigermaßen gut sehen, hören, riechen, schmecken, fühlen. Nur mit der Sprache braucht es Jahre bis zur Verständigung und Jahrzehnte, wenn überhaupt, bis zur Gebrauchstüchtigkeit.

Manchem bleibt die Muttersprache die erste und einzige Fremdsprache. Tucholsky hat einen Gesprächspartner, der verkündete: »Ich beherrsche drei Sprachen«, zweifelnd zurückgefragt: »Was müssen das für Sprachen sein, die sich von Ihnen beherrschen lassen?« Von zwei Augen kann man eines verlieren, von zwei Ohren auch eines, nur die einmal verlorene Sprache macht stumm. Deshalb sollte man den Mund nicht so leicht versehentlich öffnen und leichtsinnig missbrauchen.

Wir lesen nur leise, anstatt unser Ohr zu schulen, was Worte und Sätze klingen, tönen, lauten, schwingen und verkünden macht. Dann merkt man nicht nur, was falsch gesprochen und also auch falsch verstanden wird, sondern auch, was Falschmünze ist und was einen Realwert hat. **Eine farblose, eine leblose Sprache ist eine geparkte Sprache.**

Sprachschatz und Sprachbewusstsein müssen wir uns wohl langsam abtrauern. Rechtschreibfehler gelten der jüngeren Generation als Lässigkeit. Peinlichkeit kommt da nicht auf. Rechtschreibregeln sind Gängelung und Pedanterie, nicht etwa der Ausdruck einer persönlichen Kultur oder Achtung der Muttersprache. Die Generationen trennen sich immer schärfer in ihrem Sprachgebrauch und Sprachvorrat. Die zunehmende Verfertigung gedankenloser Druckerzeugnisse und Bilderbücher garantiert vielleicht lebensfähige Auflagen, aber sie entwöhnen das Nachdenken. **Durch Nichtgebrauch gehen Geduld, Nachfragen, Nachbilden, Nachforschen und Nachwirkung verloren.**

Sprachen müssen wir immer wieder lernen. Ich meine aber nicht fremde Zungen, sondern die Sprache der Menschen, die uns am nächsten stehen und mit denen wir Umgang pflegen. Das Deutsche gilt als altertümlich, reich an Ausnahmeregeln und schwer erlernbar. Was gibt es doch für Unterschiede in der Auffassung etwa, was »normal« ist, was »moralisch« oder was »Eigentum« ist. Zwischen den Generationen klaffen die Auffassungslücken und verdunkelt sich der Sinn der verwendeten Worte.

Die Auseinandersetzung zwischen bewahrenden und veränderungswilligen Kräften ist so vorherbestimmt wie Tag und Nacht, Sonne und Regen, jung und alt. Es gehört zum Lauf der Welt, dass die abtretende Generation den *»jungen Leuten heute«* die Leviten liest, sie respektlos und verwerflich findet, ob aus Altersstarrsinn, Neid, anderen Wertvorstellungen und vor allem: eigenen Erfahrungen. Selbst wenn sie auf zwanzig Jahre Falschgemachtem beruhen. In Schweiß und Tränen aufgewachsen, neiden sie den Jungen, wie leicht und clever sie ihr Geld machen: indem sie **zu Kuckucksuhren sogleich noch einen Sack Vogelfutter verkaufen** oder **Hühnern die Füße platt klopfen, um sie gerupft als Enten loszuschlagen.**

Ist es nur die Arroganz der abtretenden Generation, die sich hinter BERTOLT BRECHT stellt: »Nach uns wird kommen nichts Nennenswertes«? Wer sich erinnert, ist nicht mehr jung. Erst stirbt die Literatur, dann der Autor und dann auch das Alphabet. Warum auch muss das in einer technisch hoch gerüsteten Zivilisation alles erhalten bleiben? Das nachalphabetische Zeitalter läutet immer hörbarer seine Glocken.

Die Rechtschreibung zu erlernen ist kein Kasernenhofdrill, sondern eine Bedenk-Schulung der Sinngebung. Selbst die Zeichensetzung gibt dem Sinn Gewissheit. Ein Komma, um ein Wort verschoben, ändert einen Sinn.

> Ein Beispiel: »Die eine Hälfte der Welt **weiß nicht**, wie die andere lebt.«
> »Die eine Hälfte der Welt **weiß nicht wie**, die andere lebt.«
> (Das Zitat kommt aus dem Englischen:
> »*One half of the world does not know, how the other lives.*«
> »*One half of the world does not know how, the other lives.*«)

Nicht nur das rechte Schreiben, auch das Zeichensetzen verhilft zum rechten Sinn oder kann ihn auch verändern:

> »Unser Autopilot kann mehr, als Sie denken!«
> »Unser Autopilot kann mehr als Sie: denken!«
> oder als Verstärkung:
> »Unser Autopilot kann mehr als Sie! – Denken!!«

Die Interpunktionen können für das Wort *»nämlich«* stehen. Subvokal spricht man diesen Satz einmal mit einer Pause hinter *»mehr«*, einmal mit einer Pause hinter *»mehr als Sie«*.

Die Reform kennt neun Kommaregeln, verringert von zweiundfünfzig bisherigen. Wo darf man den Kürzeren ziehen? »alabba« bleibt als Mittelstück von *Sozi alabba u* erhalten. Aber auf welches *Niwo* begeben wir uns da?

Natürlich: Man sollte wissen, zu wem man redet. Nicht gleich lautend, wohl aber autonom und mit *einem* Kopf und *einer* Denke und nicht nach dem Munde der Angesprochenen.

Die Sprachmetastasen wuchern ungehemmt. Den Unternehmern *»stellt sich«* – andauernd – *»eine Frage«*. Manchmal heißt es auch *»Die Frage steht!«*. Und dann gehen sie ans *»Ausnullen«*, sie bedauern das *»Nullwachstum«*, ohne seinen Widersinn zu verstehen, und können es auch durch *»Abkäufe«* nicht retten. Sie stehen an den vorbeifließenden Kapital- und Subventionsströmen, versuchen einen Brocken zu fischen, möchten hier und dort ein Schnäppchen machen.

Sprachliches Unvermögen geht einher mit vielen Unfähigkeiten: Gedanken und Gefühle von Gesprächspartnern verstehen, **gut zuhören, was durchaus eine Anstrengung ist, ausreden lassen**, ungeachtet, ob es sich lohnt oder nicht. Schreibdenken und Sprachdenken sind so nahe als möglich aneinander heranzuführen, stets im Bewusstsein, dass überhebliche Worte nicht maßgebliche Worte sein können.

Dagegen wird heute, je nach Situation, drauflos-, dagegen- oder nach dem Munde geredet. **Die Zehn Gebote umfassen 279 Wörter. Die amerikanische Unabhängigkeitserklärung 300. Die Verordnung der Europäischen Union für den Import von Karamellbonbons exakt 25 911 Wörter**, was sorgfältig nachgezählt wurde.

So wie man nicht *mit* den Augen sehen sollte, sondern *durch* die Augen, mit Beteiligung des unmittelbar dahinter liegenden Hirns, so sollte man nicht *mit* den Worten, sondern *durch* die Worte reden. Mit einem Prüf- und Auswahltest davor. Der überlegte Wortgebrauch bedarf der Übung. »Durch Kirchgang«, so hat mich ein Graffito belehrt, »wird man so wenig zum Christen, wie man zum Auto wird, wenn man eine Garage betritt.«

Wer schult denn heute noch sein Sprachvermögen an unseren Dichtern, den Klassikern, den Nachklassikern Heine und Nietzsche? Wen entzückt noch die Korrektheit, Treffsicherheit und Sprachkraft eines Heinrich von Kleist?

In seiner Abhandlung *»Über die allmähliche Verfertigung der Gedanken beim Reden«* meint er, dass, wie der Appetit beim Essen, so auch der Gedanke beim Reden kommt. Das Reden ist ihm nicht nur die Beherrschung der Worte und Vermittlung der Gedanken, sondern auch deren Entwicklung. Was nicht im Widerspruch zur heutigentags geforderten Ansicht steht, *»erst Denkapparat einschalten, dann reden«*, oder der Bitte, den Faselanzeiger einzuschalten. Bei der Verfertigung der Gedanken ist ja der Apparat schon in Gang gesetzt.

Kleist benutzt den Kunstgriff *»zur Fabrikation seiner Idee auf der Werkstätte der Vernunft«*, um dafür *»die gehörige Zeit zu gewinnen«*. Heutzutage scheint allerdings die allmähliche Verflüchtigung der Gedanken beim Reden die Oberhand gewonnen zu haben, und die *»Hebammenkunst der Gedanken«*, wie Kant sie nannte, scheint im Brutkasten der Früh- und Fehlgeburten einem ungewissen Schicksal entgegenzudämmern.

Das Kleist'sche Verfertigungsbeispiel seiner Gedanken belegt er in einem Beispiel vom Beginn der Französischen Revolution. Hier der Wortlaut:

> »Mir fällt jener Donnerkeil des Mirabeau ein, mit welchem er den Zeremonienmeister abfertigte, der nach Aufhebung der letzten monarchischen Sitzung des Königs am 23. Juni, in welcher dieser den Ständen auseinanderzugehen anbefohlen hatte, in den Sitzungssaal, in welchem die Stände noch verweilten, zurückkehrte und sie befragte, ob sie den Befehl des Königs vernommen hätten? ›Ja‹, antwortete Mirabeau, ›wir haben des Königs Befehl vernommen.‹ – Ich bin gewiß, dass er, bei diesem humanen Anfang, noch nicht an die Bajonette dachte, mit welchen er schloß: ›Ja, mein Herr‹, wiederholte er, ›wir haben des Königs Befehl vernommen‹ – man sieht, dass er noch gar nicht recht weiß, was er will. ›Doch was berechtigt Sie‹ – fuhr er fort, und nun plötzlich geht ihm ein Quell ungeheurer Vorstellungen auf – ›uns hier Befehle anzudeuten? Wir sind die Repräsentanten der Nation.‹ Das war es, was er brauchte! ›Die Nation gibt Befehle und empfängt keine‹, um sich gleich auf den Gipfel der Vermessenheit zu schwingen. ›Und damit ich mich Ihnen ganz deutlich erkläre‹ – und erst jetzt findet er, was den ganzen Widerstand, zu

welchem seine Seele gerüstet dasteht, ausdrückt: ›So sagen Sie Ihrem Könige, dass wir unsre Plätze anders nicht, als auf die Gewalt der Bajonette verlassen werden.‹ Worauf er sich, selbstzufrieden, auf einen Stuhl niedersetzte. Wenn man an den Zeremonienmeister denkt, so kann man sich ihn bei diesem Auftritt nicht anders, als in einem völligen Geistesbankerott vorstellen.«

Das Training solcher Kleist'schen Sprachkunst ist mir Maß und Kontrolle für die Schwächen und Fehler meines Umganges mit der Sprache. Acht wundervoll gedrechselte, durch Kommata kunstvoll gegliederte Sätze. Wer weiß heute noch bei einem Dutzend-Worte-Satz am Anfang wie er endet? Unterdrückung macht entweder wortlos oder fordert die Wortführerschaft heraus. Ein Beispiel unserer Tage, ein Satz des amerikanischen Negerführers STOKELEY CARMICHAEL:

»Immer, wenn einige Leute innerhalb einer Gesellschaft längere Zeit günstige Gelegenheiten nutzen konnten, zu Wohlstand zu kommen, Macht und Autorität auszuüben und mit Erfolg Einfluss und soziales Ansehen zu fordern, tendieren sie ganz stark zu der Ansicht, diese Vorteile stünden ihnen ›von Rechts wegen‹ zu …«

Die Gliederung eines langen Satzes durch das Komma allein genügt nicht, wenn sie nicht mit einer sicheren Wortwahl und Gedankenführung einhergeht. – Die Hamburger Behörden möchten nicht grundsätzlich autofeindlich sein und begründen daher ihre Parkplatzpolitik in einem 53-Worte-Bandwurmsatz, durch zehn Kommas getrennt:

»Was wir gerne berücksichtigen wollen mit unserer Parkplatzpolitik, sprich Verkehrspolitik, ist, dass der Kurzparker, der einkaufen will, der in der Stadt sich bedienen will, dass dieser, der mit seinem Auto kommt und auch von weit her kommt, dass er hier die Möglichkeit, kurz zu parken, hat und dann auch seine Besorgungen machen kann.«

Nachdenken, bevor man nichts sagt, ist der bessere Weg.

»Mehr aufs Lautliche denn aufs Buchstäbliche«

Sprachwissenschaft hat einen hohen Rang, führt aber ein stilles, exklusives Dasein in Museen und Zeitschriften in zweistelliger Auflage. Der Primus – der Klassenbeste – in unangefochtener Position in dem Realreformgymnasium, das ich besuchte, hat mich noch bis ins reife Mannesalter hinein belehrend verfolgt.

Nach dem Gewinn eines Wettbewerbs für die Deutsche Bundespost in den vergangenen 70er Jahren wurde ich brieflich von ihm aufgefordert, darauf zu achten, dass die Post ihre Kunden nicht duzt und dass es an den Telefonzellen nicht »Fass dich kurz«, sondern »Fasse dich kurz« zu heißen habe. Auf den Scheckformularen stand damals noch: *»zahlen Sie an ... oder Überbringer. Falls das Wort Überbringer gestrichen ist, gilt es als nicht gestrichen.«* »Was soll das heißen?«, fragt mich mein Primus. »Soll ich an meine Hauswand schreiben: ›Das Abstellen von Fahrzeugen ist hier verboten. Ein dennoch abgestelltes Fahrzeug gilt als nicht abgestellt‹?«

Sein unangefochtener Abstand zu uns machte sich nicht nur dadurch bemerkbar, dass er mit seinem Vater englisch oder französisch korrespondierte, sondern mit dem Lateinlehrer auch gelegentlich in Latein seine Meinung austauschte. Er verschwand nach dem Studium in einem Staatsarchiv und entzifferte lateinische Schriften, die seit dem elften Jahrhundert unverstanden verstaubten.

Ich kann nicht umhin – *nachdem das »ß« wieder ins Gerede gekommen ist –*, seinen Beitrag über diesen Ligaturbuchstaben zu bringen, den er uns – auch nach Jahrzehnten immer noch unser Primus – in seiner sanften Belehrsamkeit zukommen ließ:

> »Personen werden durch Namen unterschieden. Namen sind aus vergangener Zeit vor allem durch Schrift überliefert. So war es gewiß nicht unangebracht, daß eine Frage des richtigen Lesens und der richtigen Wiedergabe des ›ß‹ angesprochen wurde. Ob ein Name mit ß, ss oder hs geschrieben wird, ist nicht gleichgültig. Und der Hinweis darauf, daß hs als Ersatz für ß unzulässig ist bzw. wo es nun einmal in die amtliche Schreibweise übergegangen ist, als falsche Ersetzung eines langen mit rundem s erkannt werden muß, verdient unbedingt Beifall.

Widerspruch aber ruft die Behauptung hervor, daß unser ß nicht aus sz, sondern aus der Zusammenfügung zweier s entstanden sei. Diese Behauptung mag dadurch gefördert sein, daß heute im Deutschen z den Lautwert ts hat und daß es auch bereits im Altgriechischen, woher das Schriftzeichen ja über das Lateinische zu uns gekommen ist, zwar wohl nicht für ts, aber doch für ds verwendet wurde (also einen Zwielaut bezeichnete wie das Ksi und das Psi). Jedoch haben in der Zwischenzeit, im Mittelalter, lautliche Entwicklungen dazu geführt, das z auch für den einen oder den anderen bloßen S-Laut zu verwenden, was in vielen Sprachen noch heute üblich ist. Im Hochdeutschen trug daran wohl vor allem die zweite, in der Karolingerzeit sich vollendende Lautverschiebung Schuld, durch die aus t in gewissen Stellungen sich zunächst ts – geschrieben z – und daraus ein scharfes s entwickelte, das weiterhin mit z oder mit wechselnden Verbindungen der Buchstaben s und z wiedergegeben wurde (vgl. Grimms Deutsches Wörterbuch Bd. VIII, 1893, Sp. 1573 f.).

Nachdem jahrhundertelang das bloße z – sei es einfach, sei es verdoppelt – sowohl für den Ts- wie für den scharfen S-Laut gebraucht worden war, kam für diesen zu Anfang des 14. Jahrhunderts die Schreibung sz wieder auf und setzte sich seitdem mehr und mehr durch (sofern der Laut nicht wie in ›las-sen‹ auf zwei Silben fiel). Die Zeit ist in verschiedenen Darstellungen übereinstimmend angegeben, z.B.: Dt. Wörterbuch a.a.O.; H. Paul, Mittelhochdt. Grammatik, 1944, S. 29; W. Heinemeyer, Studien z. Gesch. d. got. Urkundenschrift III, Archiv f. Diplomatik 5/6, 1960, S. 402; H. Sturm, Unsere Schrift, 1961, Abb. 49. An die Wiedergabe des scharfen S-Lautes durch sz im Deutschen erinnert noch heute die im Magyarischen geltende Schreibweise z.B. in ›Puszta‹, ›Franz Liszt‹, Kardinal ›Mindszenty‹, die von jenem deutschen Brauch übernommen sein dürfte. Hingegen ist selbstverständlich davon zu unterscheiden die sehr moderne, lateinisches c durch z ersetzende Schreibung wie in ›Disziplin‹ und ›Faszination‹, wo nicht ß, sondern sts gesprochen wird.

Schließlich sei auch ein Blick auf das Niederdeutsche geworfen: wenn etwa in einer Urkunde von 1339 der Name eines holsteinischen Rittergeschlechtes bald ›Strus‹, bald ›Strusz‹ geschrieben ist, so muß wohl hier dieselbe schreiberische Neigung wie gleichzeitig im hochdeutschen Raum erkannt werden.

Die Form des s vor z war im 14. Jh. von vornherein zumeist die lange, da das kurze, runde s seit ungefähr derselben Zeit fast nur noch als Endbuchstabe geschrieben wurde. An den langen Schaft des s aber konnte das z sich gut anlehnen oder gar sich mit ihm verschlingen, auch die oberen Rundungen beider Buchstaben waren leicht miteinander zu verbinden: sz wurde zur Ligatur ß. Diese entwickelte sich dann mit den übrigen Buchstaben weiter bis zu der Sütterlinschrift unseres Jahrhunderts, der letzten Form der sogenannten deutschen Schrift. Dagegen gab es in der im 15. Jahrhundert in Italien geschaffenen und allmählich auch bei uns eingedrungenen sogenannten lateinischen Schrift lange Zeit kein ß, da mit ihr zunächst hauptsächlich nichtdeutsche Texte geschrieben wurden. Erst als sie immer mehr auch für die deutsche Sprache benutzt wurde, bedurfte es eines ›lateinischen‹ ß, spätestens durch Sütterlin wurde es eingeführt. In diejenige Form der lateinischen Schrift, die seit 1941 (vgl. Sturm, S. 137) in Deutschland als Normalschrift gilt, ist es übernommen worden.

Hiernach scheint die Frage der alphabetischen Einordnung, die am Schluß der ›Schreibdummheiten‹ aufgeworfen wird, leicht zu entscheiden: -ß- müßte wie -sz- eingereiht werden. Doch nein! Der Schreiber verlangt richtig, daß ›Pleß‹ vor Fressen zu stehen habe; auch der Duden ordnet: Faß, Fassade, faßbar. Obzwar nämlich ß gewiß aus sz entstanden ist, wird es doch heutzutage zweifellos als gleichbedeutend mit ss empfunden (und wird ja auch ebenso gesprochen). ›ß‹ ist lediglich Ersatz für die im Deutschen außer auf der Silbengrenze unzulässige Schreibung ›ss‹ – so faßt man es wohl gemeinhin auf und hat damit, historisch und mehr aufs Lautliche denn aufs Buchstäbliche gesehen, nicht ganz unrecht.«

Ich hoffe inständig, hiermit keinen neuen Gelehrtenstreit zu entfachen.

Wortwerte und Wortwaisen

36 Stuss und Genuss
42 Machtworte und Wortmächte
46 »Traum und Tod«

Stuss und Genuss

Worte zu wählen, zu Sätzen zusammenzuführen, ihnen ihren rechten Sinn und Verstand zu erhalten und wiederzugeben, sie zu einem Gedanken oder zu einer Information aufzubereiten: das ist eine Arbeit, in der wir sehr unterschiedlich geübt, befähigt und auch begabt sind. Das Lernen und Üben dafür hört nie auf. Und die Möglichkeiten, es gut oder anders oder besser zu machen, sind Legion. Hier folgen Texte, die einen normal funktionierenden Verstand überanstrengen oder überfordern. Dem gegenübergestellt sind Zitate in einer Sprache, die uns Achtung abfordert.

Aus dem Beschluss eines Oberlandesgerichts, bekannt gegeben durch den Regierungspräsidenten. Zwar nicht dumm, aber eine gute Einkommenssicherung für Rechtsanwälte:

> »Wer auf der Autobahn im Bereich von Vorsortierräumen, die durch Aufstellung von fahrstreifengegliederten Vorweweisern eingerichtet sind, auf der durch eine breite Leitlinie abgetrennten Rechtsabbiegespur an den auf den für den Geradeausverkehr bestimmten Richtungsfahrbahnen befindlichen Fahrzeugkolonnen rechts vorbeifährt, ohne nach rechts abbiegen zu wollen, und anschließend nach links in eine Fahrzeuglücke einschert, überholt rechtswidrig rechts.«

Es ist zu hoffen und zu erwarten, dass jemand, der sich in den Vorsortierräumen der Autobahn verheddert hat, von jemandem in dürren Worten, notfalls mit Hilfe einer Skizze, erklärt bekommt, was da Sache ist.

Mit der *Kontokorrentsaldoabtretungsklausel*, noch mal: Kontokorrent-Saldo-Abtretungs-Klausel haben bis zum Bundesgerichtshof (BGH) Verlage darum gekämpft, über *»verlängerten Eigentumsvorbehalt«* bei Pleiten an ihr Geld zu kommen. Die BGH-Entscheidung lautet:

> »Rechnet im Massengeschäft ein Großhändler seine Lieferungen an seine Abnehmer über Kontokorrente ab, mit der Folge, dass Vorausabtretungen an Warenlieferanten, die unter verlängertem Eigentumsvorbehalt an ihn geliefert hatten, nicht wirksam werden, so ist dies gleichwohl ordnungsgemäßer Geschäftsverkehr. Ein Recht auf Ersatzaussonderung des Großhändlers besteht daher nicht.«

Hoffnungen und Enttäuschungen waren die Begleiter der Beteiligten im Pingpong durch die Instanzen. Auswirkungen auf menschliche Schicksale, die ein solches Urteil verursacht, sind nicht Sache der Rechtshoheit.

Die so genannte Studentenrevolution der Endsechzigerjahre des vorigen Jahrhunderts war nicht gerade durch eine entschärfende Gelassenheit der Bildungsstätten gekennzeichnet. Insbesondere das, was man einen Lehrkörper nennt, war von Allergien, Ohnmachtsanfällen und anderen psychosomatischen Zuständen betroffen. Die ängstlichen Rufe nach Sicherheit haben nichts weiter erreicht, als den Bildungsanstalten vorher eingestandene autonome Freiheiten erneut wieder einzuschränken.

Da waren die Dozenten des Wodham College im britischen Oxford gegen die Mannbarkeitsriten ihrer Studenten anders gerüstet. Auf ultimative Forderungen kam eine höflich-bestimmte Antwort:

> »Liebe Gentlemen, wir nehmen Ihre Drohung zur Kenntnis, dass Sie, falls Ihre Forderungen nicht sofort akzeptiert werden, das ergreifen werden, was Sie ›direkte Aktionen‹ nennen. Wir finden es nur fair, Ihnen mitzuteilen, dass unserem Lehrkörper drei Experten in Chemischer Kriegsführung, zwei ehemalige Angehörige von Kommandotruppen, erfahren im Umgang mit Dynamit und der Folterung von Gefangenen, vier Scharfschützen für Pistole und Gewehr, zwei Ex-Artilleristen, ein Träger des Viktoria-Kreuzes, vier Karate-Experten und ein Kaplan angehören. Wir sehen mit Vertrauen dem entgegen, was Sie eine ›Konfrontation‹ nennen, wir erwarten es geradezu mit Vorfreude.«

MATTHIAS CLAUDIUS hat sich in gleich beeindruckender Weise, aber in einer ganz anderen Tonart für die Belange eines parforcegejagten Hirsches zum Anwalt gegen die Lustbarkeiten seines Landesvaters gemacht. Der Brief des Hirsches lautet:

> »Durchlauchtigster Fürst, Gnädigster Fürst und Herr!
>
> Ich habe heute die Gnade gehabt, von Ew. Hochfürstlichen Durchlaucht parforcegejagt zu werden, bitte aber unterthänigst, dass Sie gnädigst geruhen, mich künftig damit zu verschonen. Ew. Hochfürstl. Durchl. sollen nur einmal parforcegejagt sein, so würden Sie meine Bitte nicht un-

billig finden. Ich liege hier und mag meinen Kopf nicht aufheben, und das Blut läuft mir aus Maul und Nüstern. Wie können Ihro Durchlaucht es doch übers Herz bringen, ein armes unschuldiges Thier, das sich von Gras und Kräutern nährt, zu Tode zu jagen? Lassen Sie mich lieber totschiessen, so bin ich kurz und gut davon. Noch einmal, es kann sein, dass Ew. Durchlaucht ein Vergnügen an dem Parforcejagen haben; wenn Sie aber wüssten, wie mir doch das Herz schlägt, Sie thäten's gewiss nicht wieder; der ich die Ehre habe zu sein mit Gut und Blut bis in den Tod etc. etc.《

In den vielen Fortbildungsangeboten der Wirtschaft wird mit abstandhaltenden Mogelpackungen der Sprache getrickst: Da gibt es ein Thema: *»Wettbewerbstool mit Fokussierung der Komponenten der Implementierungsbreite.«* Die Amerikanismen marschieren auf breiter Front: Das *»trading-up«*, der *»point of sale«* und der *»break-even point«* gehen leicht von der Zunge. Der Manager ist der »flag-bearer« (denn Fahnenträger gab es in der Nazizeit) und, man höre: »Design-Management ist eine managerielle Fähigkeit« – wer hätte auch das gedacht. Welche Missachtung offenbart sich da gegenüber den Angelockten, die für meist stolze Teilnehmerhonorare auf den Leim gehen und dann Seminare und Kongresse in erster Linie nach der Attraktivität des Veranstaltungsortes in oder zwischen Monaco und Acapulco, nach ihrem Freizeitwert und der Steuerabzugsfähigkeit beurteilen. Wenn man auf einer Kongresseinladung als Vortragsthema lesen kann: *»Variable Sequentialisierungsstrukturen und deren hardwareunterstützte Realisierung«*, dann braucht man eine Menge Fachidiotie, um folgen zu können.

Wenn im Autoprospekt steht: *»Der Dreiliter-Sechszylinder-Reihenmotor mit weiterentwickeltem Dreikugel-Wirbelwannen-Brennraum und neuem Solex-Doppelregistervergaser leistet stramme 185 PS«*, dann wird einem der ursprünglich als zu hoch empfundene Preis wieder gerechtfertigt erscheinen müssen.

Mit der Verfeinerung der Technik konnte sich die Sprache nicht vereinfachen. Zur Beurteilung der Leistungen brauche ich detaillierte Kenntnisse und umfangreiche Vergleichskriterien. Oder: Glaube und Vertrauen in ein Produkt und eine Marke. In den Unternehmen, die auf langfristigen Erfolg setzen, stehen Glaubwürdigkeit und Vertrauensbildung an erster Stelle.

Porsche 911 turbo

Motor und Getriebe: Wassergekühlter Sechszylinder-Boxermotor mit zwei Dreiwege-Metallkatalysatoren, hinten längs eingebaut, zwei Abgasturbolader mit Ladeluftkühlung, vier oben liegende Nockenwellen, vier Ventile pro Zylinder, axiale Nockenwellenverstellung, Leistung 420 PS/ 309 kW bei 6000 U/min, maximales Drehmoment 560 Nm von 2700 bis 4600 U/min, Fünfgangautomatik mit Tiptronic S, Allradantrieb.

Fahrwerk und Bremsen: Vorn Federbeinachse mit einzeln an Querstreben, Längslenkern und Federbeinen aufgehängten Rädern, Kegelstumpffedern mit innen liegenden Stoßdämpfern, Zweirohrgasdruckdämpfer, hinten Mehrlenkerachse, einzeln an fünf Lenkern geführte Räder, Schraubenfedern mit innen liegenden Stoßdämpfern, Einrohrgasdruckdämpfer, elektronische Fahrdynamikregelung und Traktionshilfe (PSM), gelochte und innenbelüftete Scheibenbremsen rundum, ABS, Servo-Zahnstangenlenkung, Reifen vorn 225/40 R 18, hinten 295/30 R 18.

Drei-Wege-Metallkatalysatoren, Kegelstumpffedern, Zweirohrgasdruckdämpfer, Servo-Zahnstangenlenkung mögen genaue Formulierungen sein, in den einzelnen Wortbestandteilen sogar verständlich, zusammengesetzt sind sie aus einer Sprache hochspezialisierter Besonderheit.

»Wie erst im Schwinden der Dominanz des Signifikats die semantische Struktur der Horizontflucht, des steten Aufschubs der Signifikation, entsteht, so wird andererseits mit der Substitution des Signifikats durch den Funktionszusammenhang der Signifikanten die Horizonterfahrung als Motorik des ständigen Verweisens ungültig.«

Auch mit dem Fremdwörterbuch ist diesem Text nicht beizukommen und der so genannte gesunde Menschenverstand bleibt außen vor. Ist es Gelehrsamkeit, die sich in sich selbst verschließt? Ist es angeberisches Wortgeklingel, das blufft? Oder ist es ein Quizspiel, das den *»Grundsatz der Ratbarkeit«* verlassen hat?

Georg Meisenbach hat 1882 ein Verfahren zum Druck von Halbtonbildern entwickelt und mit nachfolgendem Text patentieren lassen. Er löste den kontrastreich schwarz-weiß druckenden Holzschnitt ab und eröffnete der Photographie den Weg in den Hoch-, Tief- und Flachdruck und weitere Druckverfahren.

> »Verfahren zur Herstellung von Negativen zur Gewinnung von Hoch- und Tiefdruckklischees, welches dadurch bewerkstelligt wird, dass man eine gekreuzte Flächenzerlegung mittels einer einzigen parallel schraffierten, diaphanen Lineaturplatte auf dem Wege zweimaliger, verschieden lang dauernder Expositionen desselben während gleichzeitiger fortdauernder Exponierung eines diaphanen Positivs des zu reproduzierenden Bildes erzeugt.«

»Verfahren für den Bilderdruck zur Herstellung von Halbtonbildern durch Auflösung der Originalvorlage in unterschiedlich große Rasterpunkte auf dem tiefgeätzten Druckträger.« Vielleicht hätte das auch genügt.

Das Krankenkassen-Informationsheft versteht die Welt nicht mehr:

> »Trotz klarer gesetzlicher Normierung tauchen im Zusammenhang mit der Tatsache, dass zahlreiche Arbeitnehmer nur halbtägig beziehungsweise stundenweise oder nur an einzelnen Tagen in der Woche beziehungsweise im Monat – und teilweise dann auch nur stundenweise oder nur wochen- beziehungsweise monatsweise im Jahr – auch in diesen Fällen teilweise nur stundenweise arbeiten, in der Praxis immer Fragen grundsätzlicher Art nach dem Urlaubsanspruch auf.«

Das muss man doch wohl – notfalls nach Mehrfachlektüre – schnallen. Oder sind Teilzeitjobs besonders beschissgefährdet?

Die erfolgreiche Modemacherin Jil Sander darf sich als sichere Anwärterin auf einen noch zu stiftenden Nationalpreis in *»Denglisch«* fühlen. Die Dame muss viel herumgekommen sein:

> »Ich habe vielleicht etwas Weltverbesserndes. Mein Leben ist eine giving-story. Ich habe verstanden, dass man contemporary sein muss, das future-Denken haben muss. Meine Idee war, die hand-tailored-Geschichte

mit neuen Technologien zu verbinden. Und für den Erfolg war mein co-ordinated concept entscheidend, die Idee, dass man viele Teile einer collection miteinander combinen kann. Aber die audience hat das alles von Anfang an auch supported. Der problembewusste Mensch von heute kann diese Sachen, diese refined Qualitäten mit spirit eben auch appreciaten. Allerdings geht unsere voice auch auf bestimmte Zielgruppen. Wer Ladyisches will, searcht nicht bei Jill Sander. Man muss Sinn haben für das effortless, das magic meines Stils.《

Das muss nicht gleich global und überhaupt weltverbessernd sein. Aber als Trend-Scout hatte Frau Sander – *eine echte Lady-Ische* – schon immer etwas Zuversichtliches für die Zukunft bereitgehalten. Man kann auch Verrat an seiner Muttersprache begehen. Wer das macht, entblättert und entblößt sich.

Machtworte und Wortmächte

Die sich vier Jahrzehnte lang deutsch und demokratisch nennende Ostrepublik in sowjetischem Gewahrsam ließ über die volle Verfügbarkeit und Verwertbarkeit ihrer Studentenschaft keine Zweifel: »Ich verpflichte mich, dort zu arbeiten, wo die gesellschaftlichen Bedürfnisse meines Staates es erfordern.«

Ein Gelöbnis der Unterwerfung.

>Verpflichtung
>
>Ich gelobe, als Student der Karl-Marx-Universität den mir von der Arbeiterklasse und dem sozialistischen Staat übertragenen Studienauftrag in Ehren zu erfüllen.
>
>Ich verpflichte mich, unter Einsatz meiner ganzen Person und fest verbunden mit der Arbeiterklasse zur weiteren Entwicklung der sozialistischen Gesellschaft in der Deutschen Demokratischen Republik beizutragen.
>
>Ich bekenne mich zu meinem Vaterland, der sozialistischen Deutschen Demokratischen Republik, und gelobe, die Politik meines Staates aktiv zu vertreten.
>
>Ich verpflichte mich, unter Einsatz meiner ganzen Person zum Schutze und zur Verteidigung meines sozialistischen Vaterlandes und der sozialistischen Staatengemeinschaft beizutragen und mir die dafür erforderlichen Kenntnisse und Fertigkeiten anzueignen.
>
>Ich verpflichte mich, den Marxismus-Leninismus und die von mir erwählte Wissenschaft schöpferisch und praxisverbunden anzueignen und anzuwenden.
>
>Ich gelobe, den Werktätigen, meinen akademischen Lehrern und dem Kollektiv der Studenten hohe Achtung entgegenzubringen.
>
>............
>
>Ich verpflichte mich, das Studium in der vorgesehenen Zeit abzuschließen und als hochqualifizierter Fachmann dort zu arbeiten, wo die gesellschaftlichen Bedürfnisse meines Staates es erfordern.
>
>Das gelobe ich!

Vor anderthalb Jahrhunderten hat Abraham Lincoln seine staatsmännische Erfahrung als Präsident der Vereinigten Staaten in einer demokratisch geführten, freien Gesellschaft seinen Nachfolgern weitergegeben.

Ein Bekenntnis von aktueller Gegenwart und Gültigkeit:

»Ihr werdet die Schwachen nicht stärken,
indem Ihr die Starken schwächt.

Ihr werdet denen, die ihren Lebensunterhalt verdienen müssen,
nicht helfen, indem Ihr die ruiniert, die sie bezahlen.

Ihr werdet keine Brüderlichkeit schaffen,
indem Ihr Klassenhass schürt.

Ihr werdet den Armen nicht helfen,
indem Ihr die Reichen ausmerzt.

Ihr werdet mit Sicherheit in Schwierigkeit kommen,
wenn Ihr mehr ausgebt, als Ihr verdient.

Ihr werdet kein Interesse an den öffentlichen
Angelegenheiten und keinen Enthusiasmus wecken,
wenn Ihr dem Einzelnen seine Initiative und seine
Freiheit nehmt.

Ihr könnt den Menschen nie auf die Dauer helfen,
wenn Ihr für sie tut, was sie selber für sich tun sollten
und könnten.«

Es ist verständlich, dass Gelöbnisse, Bekenntnisse, Satzungen, Gesetze und Verfassungen Idealwerke der Annäherung sind und keine Wirklichkeit oder Selbstverständlichkeit. Wären sie es, brauchten sie nicht geschrieben zu werden. In einzelnen Fällen haben Machthaber solche Texte missbraucht, außer Kraft gesetzt, in ihr Gegenteil verkehrt. Lincoln spricht aus dem Geist einer jungen, demokratischen Gesellschaftsordnung. Sie begab sich damit auf den Weg zur Weltmacht.

Heinrich Heine hat in einem Entwurf für sein Testament eine Feststellung getroffen, die einem Vorurteil nicht nur seiner Zeit und nicht nur gegenüber Poeten, sondern für Künstler allgemein entgegentrat. Und die heute auch noch volle Gültigkeit hat. Drei Sätze sind klar gegliedert und in präziser Gedankenführung auf den Punkt gebracht:

> »Es ist nicht meine Schuld, wenn der Gesamtbetrag alles dessen, was ich hinterlasse, nur gering ist, und ich in einem Zustande, der an Dürftigkeit grenzt, mein Leben beschließe. Auch die deutsche Muse ist nicht schuld daran, und ich bemerke solches ausdrücklich, um nicht jener Meinung Vorschub zu leisten, als sei die Poesie eine fatale Gabe, die ihren Besitzer zum Erwerb und zur Verwaltung unfähig mache, als sei der Poet von Natur unpraktisch und deshalb hienieden zu Armut und Elend verdammt. Die Mittelmäßigkeit hat diese Meinung ausgeheckt, um der Welt einzureden, ihre eigene poetische Unkapazität sei eine Bürgschaft ihrer Geschicklichkeit in Verwaltung häuslicher oder öffentlicher Geschäfte.«

Konfuzius soll seinen Schülern auf die Frage, was ihm das Erste und Wichtigste sei, wenn er an die Regierung käme, geantwortet haben, dass er dem richtigen Gebrauch der Sprache all seine Aufmerksamkeit widmen würde:

> »Wenn die Worte nicht stimmen, dann ist das, was gesagt wird, nicht das Gemeinte. Wenn das, was gesagt wird, nicht das Gemeinte ist, dann missraten die Werke. Missraten die Werke, so verderben die Sitten. Verderben die Sitten, so entartet die Rechtsprechung. Entartet die Rechtsprechung, so weiß das Volk nicht, wo es festen Boden findet. Daher achte man darauf, dass die Worte stimmen. Dies ist das Wichtigste von allem.«

Darauf zu achten, »dass die Worte stimmen« als Voraussetzung für das Regieren, soll im Medienzeitalter ein Grundgesetz sein. Mit Worten abzulenken, zu verschleiern, irrezuführen ist zum Selbstbehauptungsprinzip in der Informationspolitik vieler Regierender geworden.

Ein Liebeslied von ERICH FRIED:

> Fester Vorsatz
>
> denn wir wollen uns
> nicht nur herzen
> sondern auch munden
> und hauten und haaren
> und armen und brüsten und bauchen
> und geschlechten und wieder handen und
> fussen

Hier stehen ein halbes Dutzend Worte, die es *so* nicht gibt, die aber dennoch alle zu verstehen sind. Aus ihrer Erfindung entsteht **der Reiz des Unverbrauchten, Ungewohnten und Dochverstandenen.**

Aus Ostdeutschland ist eine ironische Neufassung der Moritat des Mackie Messer aus der *»Dreigroschenoper«* von BERTOLT BRECHT überliefert:

> Und die Fische, sie verschwinden
> Doch zum Kummer des Gerichts
> Man zitiert am End den Haifisch
> Doch der Haifisch weiß von nichts
> Und er kann sich nicht erinnern
> Und man kann nicht an ihn ran:
> Denn ein Haifisch ist kein Haifisch
> Wenn man's nicht beweisen kann.

Darin steckt die Rechtslogik, mit der Untersuchungsausschüsse zur Aufdeckung politischer Skandale an ihre Grenzen stoßen und vergeblich sind.

Wenn wir vor Gericht erscheinen müssen, handelt es sich sehr oft um ganz gewöhnliche Tatbestände, die sich in unserer Erinnerung eingenistet haben. Sich aus Selbstschutzgründen mal genauestens, mal keineswegs mehr zu erinnern, bereitet der Wahrheitsfindung große Umstände. **Zu häufig noch sind Machthaber auch Rechthaber und Rechtsprecher und Rechtsbeuger als Inhaber der Gewalt.**

Traum und Tod — Stefan George

Glanz und ruhm	so erwacht	unsre welt
Heldengleich	bauen wir	berg und belt
Jung und groß	schaut der geist	ohne vogt
Auf die flur	auf die flut	die umwogt.

Da am weg	bricht ein schein	fliegt ein bild
Und der rausch	mit der qual	schüttelt wild.
Der gebot	weint und sinnt	beugt sich gern
»Du mir heil	du mir ruhm	du mir stern«.

Dann der traum	höchster stolz	steigt empor
Er bezwingt	kühn den gott	der ihn kor
Bis ein ruf	weit hinab	uns verstößt
Und so klein	vor dem tod	uns entblößt!

All dies stürmt	reißt und schlägt	blitzt und brennt
Eh für uns	spät am nacht	- firmament
Sich vereint	schimmernd still	licht-kleinod:
Glanz und ruhm	rausch und qual	traum und tod.

Ein am besten laut zu lesendes Meisterwerk der Sprachrhythmik. Sprache und Musik sind verschwistert. Die Wortanleihen in der Musik machen das deutlich: Sprechrhythmus, Sprachklang, Sprachmelodie, Sprachharmonie.

Mit einer anhaltenden Faszination fühlen wir uns immer noch von dem Aufbruch um die vorvergangene Jahrhundertwende angezogen. Der *Jugendstil* räumte mit dem Stilabklatsch früherer Epochen auf. In allen Bereichen bildender und angewandter Kunst wurden handwerkliche Gesinnung, Materialgerechtigkeit und neue Formgebung mit Frische, Inbrunst und Begeisterung praktiziert. Wie der Wind vor dem Eisgang kündigte sich das Erwachen einer neuen Epoche an. Vielleicht beruht unsere Faszination auf dem Wunsch, selbst zu einem Aufbruch der Lebenserneuerung zu kommen.

Stefan George war einer der Gurus dieser Zeit. Er versammelte nach der zwanzigsten Jahrhundertwende einen miteinander in gewähltem Umgangston verkehrenden esoterischen Kreis. Seinen Gedichtzyklus nannte er *»Lieder von Traum und Tod«*. Rhythmus und Klang der Sprache gaben die Melodie. Arnold Schönberg hat später die Gedichte vertont.

Georges Großdichtergehabe verlässt ihn auch als Briefeschreiber nicht:

»Treuer freund: leider meines kommens nicht sicher. hier wald – des abends stille – der sterne oft sehr helle – wieder alles im grünen kleid – am tage. darum gebe ich Tag auf Tag. in steigender herzlichkeit, freudigem bangen gedenke ich meiner freunde . . . «

    Wahre Worte
    von hoher Warte
    sind hehre Werte

    jedoch die Wirte
    verdrehn die Wurte
    k.w.

Paula Busch übernahm – mehr aus Verpflichtung als aus Neigung – 1927 als Direktorin den berühmten Zirkus ihres Vaters und führte das Unternehmen mit bewundernswertem Mut und unverzagter Beherztheit durch Kriegs- und Nachkriegszeiten. Ihre Dienstanweisung an ihren Star-Dompteur offenbart eine Unternehmerpersönlichkeit, die für diesen Beruf gültige Maßstäbe setzt:

Dienstanweisung an Herrn Epaminondas Ypsilantis. –
Berlin, am 4. April 1952.

»Ich habe Sie, Verehrter, als Dompteur verpflichtet und nicht als Löwenbändiger. Mir ist Ihr samothrakischer Uradel genauso schnuppe wie der Strahlenkranz Ihrer Referenzen. Bei Busch, wie Sie sich zu merken belieben wollen, ist jedes Tier noch immer eine hilfsbedürftige Kreatur, und was ich Ihnen aus der Hand meines Vaters anvertraut habe, ist keine Knute, sondern die federleichte Vorführpeitsche. Das ist mehr als der Unterschied wie zwischen Knüppel und Taktstock.

Noch deutlicher: Ich bin nicht bloß eine Zirkusdirektorin, die allenfalls weiß, wie man vorm ersten Tusch die Robe rafft, sondern ich habe vor 25 Jahren mit eben dieser Peitsche ein Karussell von 100 edelsten Pferden durch die Manege bewegt, und ich bin bis heute die einzige Frau geblieben, die auf einem Pferd in den Löwenkäfig zu reiten wagte. Ich weiß besser Bescheid, weil ich länger im Bilde bin. Dressur ist Arbeitstherapie, auch für meine Löwen, und die sogar zuallererst.

Ich werde saugrob, wenn Sie mir einen einzigen Tierschützer auf den Hals locken. Es macht Schwierigkeiten genug, ein so riesiges fahrendes Unternehmen rentabel zu halten, das alte Publikum wieder in mein Proszenium zu holen und das junge ein erstes Mal zu begeistern.

Als Sie 1945 in Las Vegas noch Ihren einarmigen Handstand auf dem Tiger übten, habe ich einen ganz anderen Zirkus durchgestanden, nämlich den verbliebenen Rumpf meines Unternehmens aus unserem festen Haus in der Frontstadt Breslau herausvoltigiert: Die letzten meiner Elefanten, einen guten Beritt meiner Pferde, die ältesten meiner Clowns, die treuen Komparsen, und ich habe sie alle heil aus dem Chaos geführt, eine apokalyptische Karawane. Und nun hauen Sie meinen neuen Löwen über die Schnauzen, als ob wir in der geteilten Stadt nicht genug Schereien hätten. Wie Sie Ihr Equilibre aus den sieben Löwen aufbauen, entzückt mein altes Herz, und Ihr Tenue, Verehrter, hat apollinische Grazie, wie es sein soll. Im übrigen, seien Sie sanft, vollends in meinem Berlin. Wir sind sonst geschiedene Leute.«

Paula Busch wurde 87 Jahre alt. In Heidelberg hat sie als Studentin Griechisch belegt und wollte über klassische Pantomimik promovieren. Das Erbe nahm sie in die Pflicht. Und dieser Brief beweist alles: Souveränität, Führungsanspruch und Führungskraft, hohe Bildung, plastische Ausdruckskraft auf voller Bandbreite: »*Ich werde saugrob…*«, »*Ihr Tenue, Verehrter, hat apollinische Grazie.*« Was sie nicht hindert, ihn bei gegebenem Anlass rauszuschmeißen. Die Vergleiche sind treffend: »*Knute*« und »*federleichte Vorführpeitsche*« gegen »*Knüppel und Taktstock*«. Einarmigen Handstand auf dem Tiger üben einerseits und andererseits den Rumpf eines Unternehmens aus der Frontstadt Breslau »*herausvoltigieren*«: Eine apokalyptische Karawane heil aus dem Chaos. Das setzt Maßstäbe. Welch eine Frau, welch eine Leistung. Erst recht gegenüber heutigen Ansprüchen und Anforderungen.

Die »*reine Wahrheit*« kann auch eine gereinigte Wahrheit sein. Die ganze Wahrheit muss es nicht sein. Die einzige Zunge, die noch die Wahrheit spricht, ist das kleine Zünglein an der Waage (wenn es richtig geeicht ist).

Im Wort- und Silbenspielerwerk von Ernst Jandl, der, an der Armutsgrenze lebend, gewaltige Wortmacht sparsam verbreitete, der – vom Sterben besessen und lebenshungrig – seinen Wortschatz immer wieder verdichtet hat, erlangt *Dichtung* noch seine volle Wortbedeutung:

> ruhig
>
> unablässig
> am sterben
> mit jedem atemzug
> jeder regung
> und ohne hast.

Wenn man viel darüber nachdenkt, dass Leben eine unabwendbar vorübergehende Sache ist, hat das Bewusstsein für den Tod und das Lebenwollen gleich starke Pole. Mit dem »Sterblichkeitsfertigwerden« hat Jandl den Pfad des Wesentlichen nie verlassen. Der Wunsch, nicht in Vergessenheit zu geraten, ist bei den Hinterbliebenen ein vielmals gebrochenes Gelübde. Beim »*auf ewig unvergessen*« lügt schon der Zeitbegriff.

»Ich kann lesen, mit den Augen die Wörter vom Blatt«

In einem diakonischen Heim für erwachsene geistig Behinderte gibt die Leitung in Abständen Einblick in die Fortbildungs- und Hobby-Angebote für ihre Spender. Im *»Gruppenecho«*, der Hauszeitung, ist Folgendes zu lesen:

》Ich möchte heute etwas schönes machen. Ich möchte über die schönen Dinge schreiben. Ich kann lesen, mit den Augen die Wörter vom Blatt. Ich lese in meinem Zimmer und höre Musik. Es ist gemütlich. Ich lese Indianerbücher. Es ist schön zu lesen. Da muss ich viel denken, das macht Spaß. Auch Musik machen, Flöte spielen oder Radio hören. Ich habe eigene Ideen und tue umkomponieren oder wenn man sehr gut ist, kann man umdenken über die Gruppe [= Wohngruppe, d. A.]. Ich mache mir Gedanken, wie ich es recht mache.《

Ein anderer Beitrag:

》Freitags bekomme ich Taschengeld und ich gehe zum Rewe. Die Verkäufer sind sehr nett zu uns. Die helfen uns auch beim Sach suchen wenn wir was nicht finden. Ich hab ne Steckdose gesucht und die war ganz versteckt. Sie sind nett und hilfsbereit. Sie sind sehr beschäftigt und man probiert erst selbst zu finden. Ich kaufe Zeitschriften, TV-Programm. [...] An der Kasse klappt es auch gut, die helfen auch. [...] Da gibts jetzt fast alles. Sogar Schuhe und Teddys und Radio. Das war für mich auch ganz neu.《

》[...] Warum kann ich, Ingo, nicht gut lesen? Es wär mein Wunsch. Ich kann nur grosse Buchstaben lesen. Auch die Politiker sind behindert, die machen auch Fehler, die halten ihre Versprechungen nicht ein. Die denken anders wie das normale Volk, die denken, sie machen alles richtig.《

》Es gibt Leute, die uns manchmal doof anquatschen, die gucken uns an, als wenn wir was Besonderes wären. Wir sind auch Menschen. Die verstehen nicht, wie wir leben. Die sind an der Seele behindert. [...]《

Die Wörter mit den Augen vom Blatt lesen und sich Gedanken machen *»wie ich es recht mache«*, das zeigt, wo sich die Kraft des Einfachen offenbart und wo Menschenwürde über teilweiser Geistesschwäche steht.

Worte und Politik

52 Politik – wortklingelnd
56 Die »grundsätzlich neue Sicht der Dinge«
61 Der geschlechtsbezogene Wortgebrauch
64 Wenn der Text den Sinn nicht freigibt
66 Von wegen »von Rechts wegen«
68 Vier Worte nur

Politik – wortklingelnd

> »Die Wirklichkeit
> hat mit der Realität
> nichts zu tun.«
>
> Dr. Dr. h. c. mult. Helmut Kohl

Hat wirkliche Realität auch nichts mit realer Wirklichkeit zu tun? Es scheint, als ob die Realität die höhere Form von Wirklichkeit ist. Manche Fremdworte entfernen sich durch abwandelnden Gebrauch von ihrer ehemals wörtlichen Übersetzung. Oder sie lassen im Wortgeklingel eine gewisse Absicht erahnen, ohne genauer werden zu wollen. Dass Selbstgerechte nichts mit Sündenböcken zu tun haben, ist zu verstehen, selbst wenn es sich – aus jeweiliger Sicht – um dieselbe Person handelt. Deshalb gibt es in der Politik Opposition: Gegensätzlichkeit, Widerspruch. Und in Verbindung damit Opportunismus; die Nützlichkeit erwägende Anpassung zungengespaltener Wendehälse. Und es gibt souveräne Machtanmaßer, die wirklich nur interessiert, »was hinten rauskommt«. Und die dann als Altkanzler abgekanzelt werden.

Ein Politiker kann aufgebaut und abgebaut werden. Er muss Profil haben und zeigen. Er muss Charisma, Ausstrahlung, Überzeugungskraft haben und damit und davon nur so strotzen. Alles muss überproportional sein, ein optimales »*standing*« haben.

Im Parlament geht es rüde zu. Es soll noch Mitte des Vorjahrhunderts Nachkriegssenate und -parlamente gegeben haben, da wurden Wortgefechte in lateinischer Sprache geführt. Das ist lange her. **Natürlich ist Knappheit und Deutlichkeit besser als Wortgeklingel und Hohldonnerei, der rüde Ton ist aber merkfähiger und mediengeeignet.** Die Grenzen haben sich verschoben, die Schicklichkeit hat sich gelockert.

Der »**Idiot**« ist parlamentarisch folgenlos, allenfalls wird er gerügt. Er erfüllt im Alltagsleben den Tatbestand der groben Beleidigung. »**Sie sind hochgradig schwachsinnig**« bleibt trotz Genauigkeit hinter »**Sie Idiot!**« weit zurück. Wer keine gute Kinderstube hatte – was immer man darunter versteht –, hat Ordnungsrufe im Parlament zu gewärtigen, wenn man der Ansicht ist, dass so etwas in einer guten Kinderstube nicht gelernt sein kann. Wenn der Ton nur radikaler, aggressiver, unflätiger, beleidigender wird, **ist das trotzdem und immer noch so genannte »Hohe Haus« ein Etikettenschwindel.**

Ohne Tiefgang, Witz und Ironie laufen oder vielmehr schleichen manche Debatten zu bereits vorgefassten Ergebnissen dahin. Einigermaßen zufrieden darf man noch mit wechselseitig verliehenen Titeln aus Menschen- und Tierreich sein:

Lahmer Gaul · feiger Hund · Wildsau · roter Rabe · Straßenköter · Breitmaulfrosch · Stinktier · Ratte und *Karnickel*. Aber auch *Bruchpilot · Rohrkrepierer · Fahnenflüchtling · Mehrfachsprengkopf* haben sich aus kriegerischen Zeiten herübergerettet. Die Kirche steuert den *Grufti-Messdiener* bei, den *Gesundbeter*, den *Oberministranten* und *Kanzelsalbader*.

Unser Bundestag hat die Tausendermarke an Ordnungsrufen längst überschritten. Novitäten waren: *Lackschuhpanther · Beamtenkuh · Pistolero* und *Giftspritze · Übelkrähe · bleifreier Hanswurst · schießwütiger Zelluloid-Cowboy*. Der Fäkalbereich bleibt ausgespart. *Arschloch* hört man in der täglichen Umgangssprache häufiger. Selbst eine ironische Variante würde parlamentarisch gerügt: »Ich halte Sie für ein grandioses Arschloch. – Entschuldigen Sie bitte das harte Wort grandios.«

Schlimmer ist das schlechte Deutsch im politischen Sprachgebrauch. Dass man mal aus der Grammatik rutscht, ist nicht tragisch, manchmal ein Amüsement, wie der Ausrutscher auf der Bananenschale. Aber ein nicht zu Ende geführter Satz oder Gedanke kann schon vorher keiner gewesen sein. Von Gedankengebäuden ganz zu schweigen.

Ludwig Reiners, der erfahrene Stilkundige, sieht in fahrlässiger Unlesbarkeit ein **Vergehen**, in vorsätzlicher ein **Verbrechen**. Helmut Kohl war Wiederholungstäter dieses Vergehens. *»Es gibt die Flucht in den hektischen Wortreichtum, um nichts mitzuteilen«*, sagt er selbst. Da hat er sich als Flüchtling verraten. Die mündigen Bürger *»begreifen, dass unsere offene freiheitliche Gesellschaft kreative Vielfalt braucht, weil sie vitale Stärke aus dem Wettbewerb frei sich entfaltender Kräfte bezieht«*. Der Inhalt ist banal: **Einen Schlag reinhauen lohnt sich.** Die Form ist hohlgedonnert.

Deutlichkeit ist zwar erfrischend, aber unerwünscht. Nirgends hört man so oft wie in der Politik:

»Das war nicht so gemeint.«
»Das ist falsch zitiert.«
»Das ist aus dem Zusammenhang gerissen.«
»Das ist eine Falschmeldung.«

Also eine Lüge? Bevor man sich entschuldigt, wird geleugnet, notfalls gelogen, man übt sich in »*Teilwertabschreibung*«. Da wird korrigiert, richtig gestellt, könnte falsch verstanden worden sein, war in der Wortwahl nicht so glücklich. Notfalls wird sogar bedauert. **Lieber aber erinnert man sich keinesfalls mehr.** Warum soll man auf einmal Worte nicht wortwörtlich nehmen dürfen? Hat man sich denn nur verhaspelt? Jetzt kommt wieder:

»*Nicht so gemeint.*«
Aber wie dann, bitte?
»*Na ja. Also jedenfalls nicht sooo! So doch nicht. Also bitte.*«

Aus der Meinung ist eine Nichtmeinung geworden. Die kann man nicht angreifen. **Man hat ja auch ein Recht auf Meinungslosigkeit.** Da braucht man vorher nicht nachzudenken. Und hinterher auch nicht. Und man kann auch nicht missverstanden werden.

Man hört Wortschleifen, wohlig aneinander gereiht wie Fahrstuhlmusik. Und im dünn besetzten Plenum blättert man in der Zeitung oder korrigiert wichtigtuerisch ein Manuskript. Das Denken in ursächlichen Zusammenhängen und logischen Folgerungen wird vom Wortgeklingel abgelöst, von schepperndem Falschgeld. »*Bin ich schon auf Sendung? Macht noch'n paar Takte Musik!*«

Die Gefühlseinfärbung und der Klang der Sprache bestimmen, zusätzlich zur Wortwahl, die Wirkung eines Politikers. Bei gedruckter Sprache kann der Leser zwar den Zeitpunkt, die Umstände, das Tempo des Lesens bestimmen, der persönlichen Wirkung des Autors/Redners geht er aber verlustig. Zu langsames Sprechen kann als Unsicherheit und Resignation empfunden werden. Eine sonore feste Stimme gibt mehr Vertrauen in Führerschaft. Gestik, Pausen, Blickführung, Betonung, schließlich auch die Kleidung tragen zur Summe der Gesamtwirkung bei. Sprechen wird auch visuell erlebt.

Es gibt Beispiele von begeistert aufgenommenen Reden, die beim langsamen Nachlesen sich als Blabla entlarven. Ob eine Gefühlsgrundierung freudig erregt, gelangweilt, geängstigt, unsicher oder mitreißend ist, kann einer Stimme leichter entnommen werden als dem Gedruckten. Ob im Zorn vielbetonend, laut, schrill und schnell gesprochen wird oder ob von Unlust und Langeweile schleppend, tonlos genuschelt wird: Die unmittelbar sicht- und hörbar gemachte Sprache ist wirkungsvoller als die über Schrift mittelbar gemachte.

Worte und Begriffe nutzen sich ab. Wir sprechen von *abgedroschenen Redensarten*. Da ist kein Weizenkorn mehr drin, nur noch Spreu: *Lebensqualität, Demokratieverständnis, humane Arbeitswelt,* wer hört da noch zu? Im Zusammenhang mit Gesellschaft, Freiheit, Wahrheit vermischen sich die Aussagen zum Verbergen tatsächlicher An- und Absichten. Die Meinung des Sprechers und die eigene Meinung umkreisen sich mit Misstrauen. Sinn und Bedeutung werden unterschiedlich zugänglich.

Die Allgemeinsprache hat immer weniger Zugang zur Wissenschaftssprache und Fachsprache, die sich mit Spezialbegriffen abschirmt. Gebildete Menschen haben einen aktiven Wortschatz von fünf- bis fünfundzwanzigtausend Worten. Fachwörter – allein in der Nachrichtentechnik und Datenverarbeitung – erreichen eine Million Worte, die schnell veralten und schneller neu nachwachsen.

Verständigung braucht Sprache. Darauf ist der Laienberufsstand Politiker dringend angewiesen. **Stimmen, die dabei schnörkellos zur Sache kommen, sind seltener als Worte für das dröhnende Nichts.** Auch Schweigen kann verständlich sein: Eine Mehrheit, eine absolute Mehrheit, sind die Großverbraucher des Konjunktivs: *Es sollte doch klar sein…, man sollte meinen…, es müsste doch so sein…,* man sollte doch denken… Gewiss sollte man das.

Mit »gottgewollt« lässt sich gut begründen, entschuldigen, bedauern, erklären. Die öffentliche Meinung ist damit gut lenkbar. Die Wahrheit ist langweiliger als die Lüge, oft komplizierter und schwerer zu verkaufen. Also bildet man die Sätze so, dass man an ihnen nichts dingfest machen kann und dennoch – *irgendwie* – Eindruck machen kann.

Der Österreicher Jörg Haider behauptet: »*Man kann sich bei mir darauf verlassen: Wenn ich einmal was gesagt habe, dann meine ich es so.*« Wenn nun die Scheißdemokratie es opportun sein lässt, bekommt man von ihm leider auch zu hören: »**Wofür ich mich** meinetwegen **entschuldige**«: meinetwegen! Also seinetwegen, nicht etwa wegen der Gerechtigkeit, der Wahrheit, der besseren Einsicht. Schließlich sind seine Äußerungen in einer »*gerechtfertigten Emotion*« gefallen. Wer hat da das Recht gepachtet? Was gerechtfertigt ist, bestimmt der sich Offenbarende. Dummerweise muss man zur demokratischen Tarnung manchmal Kreide fressen.

Die »grundsätzlich neue Sicht der Dinge«

Sie bereitet Probleme. Sie ist nicht neu, sondern die *eigene* Sicht der Dinge. So wie manch einem außer der eigenen Wahrheit keine andere bedenkenswert erscheint. *»Wahrheit sag ich euch, Wahrheit und immer wieder Wahrheit – versteht sich: meine Wahrheit, denn sonst ist mir keine bekannt.«* (GOETHE, Xenien)

In der Parteiendemokratie kann Wählerschaft zur Manipulationsmasse der Machterhalter werden. Die Werteverfall*beklager* sind die Worteverfall*betreiber*. Politikverdruss ist das Ergebnis.

Und das unartig aufstampfende Volk stellt die Politikausüber vor ein Dilemma: »Wenn ihr uns nicht die Wahrheit sagt, dann lassen wir uns von euch nicht regieren. Und wenn ihr aber – wehe – uns die Wahrheit sagt, dann wählen wir euch nicht! Dann seht mal, wer eure Mülleimer leer macht.« Denn das, was sie jetzt sollen: *teilen!*, das ist nicht ihr Ding. **Es ist eben eher eine Zeit der Teile und nicht des Teilens.** Der Wortschatz des billigen Populismus greift nicht mehr. Sie labern, weil sie die Marter des Schweigens nicht ertragen. »Schweig! Oder sprich Worte, die besser sind als Schweigen«, forderte vor mehr als zweitausend Jahren PYTHAGORAS. Diese Maxime sollte unübersehbar allen Palaverbuden und Selbstdarstellungsbühnen dieser Welt die Fassade schmücken.

Die Sprachqualität rutscht ab wie auf einer schiefen Ebene. Pointen verlieren, Beleidigungen gewinnen traurige Rekorde. Was soll man da mehr bedauern: minderwertige Gefühle, glatte Phrasen, leere Redensarten, abgedroschene Begriffe, schiefe Bilder, plumpe Anbiederung, verlogene Begeisterung, erschlaffte oder nie vorhanden gewesene Denkkraft? Sie beleben alle die Sucht nach Hauptwörtern, begehen Statikfehler in der Satzkonstruktion und verschleiern die Sinngebung. **Die starken Verben schmelzen dahin wie die Polkappen.** War das früher besser? Es war besser.

Die aus multifunktionalen Fertigteilen zusammengebastelten Reden der Politiker können uns kein Sinnbild und kein Weltbild vermitteln. Das glatt gekonnte Blabla macht die Menschen teilnahmslos und bei anhaltender Wiederholung mitleidlos. Mit der Unfähigkeit, dem Wort Verstand zu geben, wächst die Ablehnung des Zuhörens. Die Welt dröhnt voller Laute und Lautkonserven auf der Suche nach Anhörung. Je lauter, desto vergeblicher.

Die größte emotionale Bestürzung, die Politiker befallen kann, gipfelt in dem Wort »*Betroffenheit*«. Es ist ein Begriff für etwas, mit dem man nichts Rechtes anfangen kann: Es *macht* betroffen. Nicht: *Ich bin es.* Täglich gibt es irgendwas auf der Welt, das einem ein Gänsehäutchen macht, ein Aufwallen: ein Aufwallerchen. Es gehört sich eben, auch ein Stück Mensch vorzuzeigen. Nun ist dieser Beruf nicht dazu angetan, dass man vor lauter Gewissensfragen und -bissen nicht dazu kommt, auch zu regieren. Politiker sind auch angetreten, in einem nicht besonders hoch dotierten Beruf wenigstens ihr Sozialprestige zu beanspruchen und zu wahren und Titel und Orden zu kassieren, wenn's mit Gehaltserhöhungen nicht so geht. *Das Imponiergehabe hat in der Wirtschaft die effektvolleren Vertreter.*

Moral ist keine herausragende Kategorie in der Politik. Da käme man ja ins Grübeln. Das macht sprachlos und schwächt die Tatkraft. ERICH MIELKE wusste: »*Die Wahrheit muss realisiert werden, Jenossen!*« Seine natürlich.

Wenn ein ehemaliger Ministerpräsident eines unserer Zwergländer zu seinem Präsidentensalär noch unberechtigt jahrelang das Ruhegehalt als Oberbürgermeister weiterbezog, dann ist das natürlich kein Skandal, sondern eine »*abschmelzende Ausgleichszulage*«. Das könnte als Feinabstimmung in ein Kochrezept passen. Ein anderer zu höheren Weihen vorgesehener Politiker bezeichnet eine Aussage, die dem Wort Lüge gerecht wird, als »*petitesse*«, eine allerliebste Kleinigkeit, eine Art Konditoreiprodukt. Denn von ihm aus ist das alles »*nicht so gesehen*«.

Die Bezeichnung »*Lehrling*« scheint wohl noch die Prügelstrafe mit sich zu schleppen; da ist doch ein »*Azubi*« wirklicher Fortschritt. Und rausschmeißen und kündigen tut man auch nicht mehr: Man *gliedert aus* oder fragt ganz harmlos: »Wie lange sind Sie schon bei uns? – Morgen nicht mitgerechnet.«

Wie soll auch ein Volk zu einer klaren und kraftvollen Sprache zurückfinden, **wenn es nach dem Beschwichtigungsprinzip regiert und nach dem Gießkannenprinzip versorgt wird**. Alle bekommen etwas ab in der Hoffnung auf Wachstum und gerechte Verteilung. Niemanden haut ein Schwall aus dem Feuerwehrschlauch um. Irgendeine vage Hoffnung auf Zukunft belebt, und so kann es kommen, dass manch einer sich schon wieder in wärmeren Gewässern wähnt, ohne zu merken, dass er bereits im Kochtopf sitzt.

Die über Jahre zerredete Pflegeversicherung trifft noch genau die Generation, die diesen bramsigen Palaverluxus als Ergebnis ihres Nachkriegsaufbaus erleiden muss. Komplizierte Gesetze werden nach wiederholten Lesungen verabschiedet. Und dazu werden **bibelstarke Kommentare** geschrieben, **nicht was die Wortkraft, sondern was den Umfang betrifft.** Das geschieht weitab vom *»regierenden Souverän«*, dem Volk. Grundgesetzlich garantiert, geht die Macht vom Volk aus. Das erfahren wir gelegentlich außergesetzlich auf äußerst drastische Art. Allgemein macht das Volk aber davon keinen Gebrauch. Allenfalls bei der Ausübung der Erziehungsgewalt, die wiederum unkontrollierte Gewaltausübung im Gefolge haben kann. Das den Politikern demokratisch überlassene Ausübungsmandat wird mehrheitlich durch Versprechungen und Beschwichtigungen aufrechterhalten.

Im Umgang mit den eigenen Fehlbeiträgen können Worte nur Brücken bauen, über die sich keiner traut: Das ist Kommunikation, die in Konfusion endet. Mit dem Heiligenschein der Scheinheiligen verkünden sie uns: »Wir sind dafür da, den anderen Gutes zu tun!« (Und wofür sind die anderen da?) KANT: *»Gedanken ohne Inhalte sind leer. Anschauungen ohne Begriffe sind blind.«* Man darf ergänzen: Inhalte und Anschauungen ohne Glaubwürdigkeit sind folgenlos. Vertrauen bildet sich erst nach einer langen, ungebrochenen Folge von Glaubwürdigkeiten.

Sprache wird benutzt und beschmutzt. Schwächelnd kann sie missweisend und missverstanden sein, wortarm, umständlich, unterbelichtet, blass und fehlfarben. Ihr Missbrauch, verschleiernd, irreführend oder glattweg lügend, ist auch ein bewusstes Mittel politischer Auseinandersetzung. *»Wir müssen deutlich sagen, was wir wollen«* ist eine aufrichtige Meinung. *»Genau das dürfen wir nicht!«* ist die erfolgversprechendere Gegenmeinung.

Manche Sehnsüchte nach der »guten alten Zeit« sind wirklich nicht nachzuvollziehen. Unser letzter Kaiser und Oberster Kriegsherr, der großmannssüchtig säbelrasselnd sein Volk in den Ersten Weltkrieg geschickt hat, hatte folgenden Wandspruch in seinem Arbeitszimmer:

> »Stark sein im Schmerz; nicht wünschen was unerreichbar oder wertlos; zufrieden mit dem Tag, wie er kommt; in Allem das Gute suchen, und Freude an der Natur und an den Menschen haben, wie sie nun einmal

sind; für tausend bittere Stunden sich mit einer einzigen trösten, welche schön ist, und aus Herz und Können immer sein Bestes geben, auch wenn es keinen Dank erfährt. Wer das lernt und kann ist ein Glücklicher, Freier und Stolzer und immer schön wird sein Leben sein. Wer mißtrauisch ist, begeht ein Unrecht gegen Andere und schädigt sich selbst: Wir haben die Pflicht jeden Menschen für gut zu halten, solange er uns nicht das Gegenteil beweist. Die Welt ist so groß und wir Menschen sind so klein: da kann sich doch nicht Alles um uns allein drehen. Wenn uns etwas schadet, was wehe tut, wer kann wissen, ob das nicht notwendig ist zum Nutzen der ganzen Schöpfung? In jedem Ding der Welt, ob es tot ist oder atmet, lebt der große, weise Wille des Allmächtigen und Allwissenden Schöpfers; uns kleinen Menschen fehlt nur der Verstand, um ihn zu begreifen. *Wie Alles ist, so muss es sein in der Welt,* und wie es auch sein mag: immer ist es gut im Sinne des Schöpfers.«

Welche Worte voller Bescheidenheit und Güte, voller Glauben, Liebe, Hoffnung. *Damals waren die Hofprediger noch die Ghostwriter.* Sicher kommen diese hehren Worte aus so einer Ecke. (Haste schon mal geheuchelt?) Und Seine Majestät, selbst sein bester Öffentlichkeitsarbeiter, wird sie als Hostie – so hießen damals die Joints – für sein Volk für sinnreich gehalten haben.

Für manches dumme Zeug in der politischen Werbung sollte man einen ähnlich warnenden Hinweis bringen wie für das Zigarettenrauchen durch die EU-Gesundheitsminister: »*Die EU-Regierungen: Politische Werbung gefährdet die eigene Meinungsbildung und Urteilsfindung.*« Wenn man nur nach abgebildeten Kandidatenköpfen am Straßenrand entscheiden soll, kann man nicht gerade ins Schwärmen kommen oder, davon hingerissen, die Straßenverkehrsordnung außer Acht lassen. Sobald die elektronischen Apparate verstummen – vom Denkapparat kann man ja nicht reden –, breiten sich Leere und Bewusstseinslosigkeit aus. **Weshalb können wir eigentlich noch träumen?**

Im Namen des gesunden Menschenverstandes wird gegen das selbstständige Denken und intelligente Urteilsfinden gekämpft. Für Einfachheit und Leichtgläubigkeit wird gekämpft. Um Manipulierbarkeit zu erleichtern.

Apfelsorten – PC-Sorten

Sprache spaltete sich immer weiter auf in Fach- und Spezialausdrücke, die weitgehend auch grenzüberschreitend verständlich sein sollten. Dass Ärzte und Apotheker mit dem Großen Latinum in der Tasche seit jeher Unverständliches diagnostizieren, hat schützende und imponiergehabende Ursprünge.

Unsere Apfelsorten haben sprachlich bezeichnet noch Saft und Kraft: Alkmene, Cox Orange Renette, Gehrers Rambur, Gelber Bellefleur, Gewürzluiken, Glockenapfel, Goldparmäne, Golden Delicious, Melrose, Morgenduft, Rheinischer Krummstiel, Roter Astrachan, Öhringer Blutstreifling, Safranapfel, Rambur, Delorina, Gold Rush, Jonagold, Morgenduft Dallago, Royal Gala, Edler von Boskoop.

Die Sorten werden verständlich beschrieben: »weiß, sehr fest, mittelgroß, knackig, saftig, ertragreich«. Oder »robust, walzenförmig, aromatisch, Stammbildner«. Aber auch Nachteile werden benannt: »Neigt manchmal zu Berostungen in der Stielgrube«, »leicht schorfanfällig, druckanfällig, frostempfindlich in der Blüte«, »krebs- und mehltauanfällig«, »neigt zu Kernhausbräune im Lager«. Mit einem normalen Wortschatz ohne Fachmannschaft ist man diesen Namen durchaus gewachsen.

Firmen und Produktnamen im digitalen Jahrhundert haben uns nichts mehr zu sagen. Wir müssen sie lust- und beziehungslos lernen: LaCie, IFRA, QMS, Xcite, secon, dicoweb, encad, scst, hpxx, Xinet.

Sicher mag es da auch – im ganz übertragenen Sinne – auf einer Festplatte »Berostungen in der Stilgrube« geben. Nur: Man sieht es nicht, man riecht es nicht, man schmeckt es nicht. Unsere Sinne bekommen immer weniger zu tun. Oder sie werden getäuscht.

Ausnahmen gab es unter den Bundespräsidenten. Theodor Heuss, Gustav Heinemann, Richard von Weizsäcker, Roman Herzog waren und sind bedeutende Redner. Heinemann, auch ein engagierter Christ, sprach den ironischen Satz: »Wohl dem Synodalen, dem nichts mehr einfällt und der trotzdem nichts sagt.«

Der geschlechtsbezogene Wortgebrauch

Ob etwas *herrlich* oder *dämlich* ist, hat mit der geschlechtertrennenden Bezeichnung *Herr* oder *Dame* wirklich nichts zu tun. Was nicht ausschließt, dass dieser Bezug von Männern dennoch gern hergestellt wird. Die offenbar im Aussterben befindliche Spezies, die man noch mit Fug und Recht mit *Herr* und *Dame* bezeichnen kann, entspricht einem humanen Ideal, das auf Herrlichkeit verzichten kann und Dämlichkeit ausschließt.

Die in der Bonner Republik früher etwas gewaltsam hervorgebrochene Bewegung zur Gleichberechtigung und Gleichstellung der Frauen hat Stetigkeit angenommen und wird – wie man häufiger hört – *dieses* Jahrhundert maßgeblich in die Hände der Frauen legen. Die Emanzipationsbewegung hat in das Sprachlabor der Neuschöpfungen beunruhigend eingegriffen und dabei gelegentlich ins sprachliche Abseits geschossen.

Die vorherrschende, oft aus dem Berufsleben herausgebildete Form »Mann« hat bei den Frauen den Wunsch nach Gleichstellung ausgelöst. Der Amtmann, Dienstmann, Steuermann, Wachmann galten als Männerberufe und sind nicht durch -frau als Schlusssilbe eindeutig: Ein Steuermann weist in Richtung Schiffbrücke, eine Steuerfrau kann auch Finanzberaterin sein. Arzt und Ärztin, Schneider und Schneiderin sind uns hingegen geläufig.

Eine Frau in der Politik muss nicht unabdingbar *Frau Präsidentin* heißen, wenn der Vorname Rita sie einigermaßen geschlechtsspezifisch ausweist. Ein Präsidentinnenamt innezuhaben hat allein schon einen hohen Öffentlichkeitswert und Bekanntheitsgrad.

Bei der Bundeswehr wird *Hauptfrau* als Dienstgrad nicht verliehen. Es sind *Hauptmänninnen* gemeint, zu deren Diensten keine Nebenfrauen geduldet sind. Da *Mann* und *man* zwar sprachlich nichts miteinander zu tun haben, aber gleichlautend ausgesprochen werden, ist das *man* mit einem *n* in die Gleichstellung mit einbezogen worden. Was gelegentlich umständlich bis albern klingen kann. Man (frau) kann sich auch unter Vermeidung dieser Gleichstellung hinreichend frauenfeindlich mitteilen. Im Kochbuch müsste dann stehen: statt »man nehme« »frau nehme«. Als Berufskoch überwiegt zwar der Mann, aber im Heim und am Herd millionenfach die Frau.

Jedefrau und jedermann werden *Mannschaft* verstehen, unter *Frauschaft* jedoch verunsichert sein. Auf dem Stellenmarkt der Zeitungen häufen sich die Schrägstrichanhängsel, die den Text zerhacken:

> Systemanalytiker/in, Anwendungstechniker/in.
> »Der/die Bewerber/innen sollten eine Universitäts- oder FH-Ausbildung mitbringen. Kompetente Kolleginnen und Kollegen arbeiten mit Ihnen im Team. Die Anwendungsentwickler/innen stützen sich auf moderne Software- und Kommunikationstechnologien wie z.B. Internet, Jaava, Application Server, Corba, LDAP/X.500, WAP, Datenbanken (Oracle, DB2/UDB).«

Gelegentlich wird auch, um das »*er/in*« oder »*Kaufmann/frau*« zu vermeiden, ein »*Messtechniker (m,w)* gesucht« – männlich oder weiblich. Dann wird nach einer »*Leitenden MTRA/MTRA*« sowie »*Arzthelferin Rö*« und nach »*einem/er AIP und WB-Assistenzarzt(ärztin)*« gefragt. Wer nicht weiß, was das ist, kommt auch nicht in Frage.

In der freien Rede ist es mühselig, immer wieder »*liebe Kolleginnen und liebe Kollegen*«, »*liebe Professorinnen und Professoren*«, »*liebe Genossinnen und Genossen*«, »*liebe Kommilitonen, liebe Kommilitoninnen*« einzuflechten. Die Redner wollen damit ihrem Denkrückstand eine Aufholchance geben. Die Zuhörer könnten dabei zu Hampelfrauen und Hampelmännern werden. HORST KLEMME scherzte mit *Efrauze* (Emanze) und *Frausarde* (Mansarde), *Frauometer* (Manometer) und ist dem Schwachsinn auf den Fersen, wenn er fragt: »Ist, was ein Herr tut, immer herrlich? Und was 'ne Dame tut, stets dämlich?«

Die Entsprechung zu Herr ist Dame, zu Mann ist Frau. In Anschreiben wird *Herr/Frau/Fräulein* (letzteres immer weniger) gewünscht. Die Ehefrau wird besitzanzeigend dem Mann zugeordnet: *Herrn und Frau Fritz Lehmann.* Die Bedürfnisanstalt weist *Herren/Damen* oder *Männer/Frauen* aus.

Die gelegentliche Anredeschwäche in der deutschen Sprache veranlasst uns, im Gasthaus mit den Armen zu rudern, wenn kein »*Herr Ober*«, meist ein europäischer Mitbürger, in der Nähe ist und die weibliche Bedienung nicht die »*Frau Oberin*« eines Klosters ist und kein »*Frollein*« sein will. Mit den Fingern schnippen ist ungehörig, den Geschäftsführer nach dem Namen der Bedienerin zu fragen kann indiskret sein.

»Bitte, der Herr?«, *»Der Herr wünschen?«* Der Herr wünschen nicht, sondern er wünscht. Und das *Ein-Herr-sein* ist ihm wirklich nicht anzusehen. Was sich bestätigt, wenn er zum Bezahlen auf vier Fingern pfeift. Man hat es eilig.

Im Geschlechterkampf ist *»das schwache Geschlecht«* nicht mehr auszumachen. Und den Frauen tut man keinen Gefallen, wenn man mit gleichwertigen Bezeichnungen einen Text bis zur Unleserlichkeit verstottert:

Der Geschäftsleitung gehören an: *»Der Geschäftsführer/die Geschäftsführerin, die Direktoren/die Direktorinnen, die Assistenten/Assistentinnen, das Sekretariat.«* Korrektheit kann zum Flachsinn abgleiten. Geschäftsführer, Direktoren, Assistenten beiderlei Geschlechts sind heute selbstverständlich. Eine grundsätzliche Bemerkung zur Gleichstellung in einem Vorwort oder als Fußnote in einem Druckwerk kann dem Lesefluss sehr dienlich sein. Geschlechtsneutrale Formulierungen sind Gesetz, was leichter beschlossen als ausgeführt ist.

Korrektheit sollte nicht bis zur Selbstaufgabe führen. Anwaltsbriefe mit wohl formulierten Unterstellungen und Ehrabschneidungen darf man im Antwortschreiben auch *»mit der an dieser Stelle üblichen Hochachtung«* beschließen. Das hebt den Adrenalinspiegel.

Der emanzipierte Vater kann die Kinder auch mal *bemuttern*, sich bei ihnen einen Stand verschaffen, damit er bei der Scheidung nicht so leicht abgetrieben werden kann. In Hochgeschwindigkeitszeiten bildet Oberflächlichkeit Stolpersteine. Ob Emanzipation angenommen wird oder ohne Rücksicht bleibt, ob sie imponiert oder vegetiert, das weist die Beziehung aus. Solange keine eingebauten Chips unsere Schwächen und Fehlschaltungen bereits im Chromosomensatz und in der DNA-Kette verbessern oder vernichten, müssen wir aneinander herumerziehen.

....

Die Frau kommt vom Arzt. Der Mann fragt: »Was hat er gesagt?« »Dreißig Mark.« »Ich meine, was hattest du?« »Zwanzig Mark.« »Nein, was hat dir gefehlt?« »Zehn Mark!« Das entspricht der Erkenntnis des Geheimrats VON GOETHE: *»Wenn man beim Zuknöpfen der Weste das erste Loch verfehlt, verfehlt man auch alle weiteren.«*

Wenn der Text den Sinn nicht freigibt

Aus einem *Runderlass des Bonner Innenministeriums:*

> »Als weibliche Form der Amtsbezeichnung ›Amtmann‹ stehen ab sofort wahlweise die Amtsbezeichnungen ›Amtmännin‹ oder ›Amtfrau‹ zur Verfügung ... Weibliche Beamte, die bereits die Amtsbezeichnung ›Amtmännin‹ führen, können der zuständigen Behörde mitteilen, daß sie die Amtsbezeichnung ›Amtfrau‹ führen möchten. Sie erhalten einen schriftlichen Bescheid über die Änderung der Amtsbezeichnung.«

Im Gespräch kann man Unverstandenes nachfragen, was viel zu wenig geschieht. Man fürchtet, für dumm gehalten zu werden, nicht aufgepasst zu haben. Im Schriftverkehr ist man allein gelassen. Ein Steueranwalt, ein Steuerberater vermag hoffentlich abzuhelfen. Gegen Honorar: honorare heißt ehren.

Eine *Rechtsbehelfbelehrung* des Finanzamtes sollte zunächst den Autor über Verständigungsgrenzen belehren.

> »Ein Einheitswert ist stets Grundlagenbescheid. Ein Grundsteuermeßbescheid ist gegenüber dem Einheitswertbescheid ein Folgebescheid und gegenüber dem Grundsteuerbescheid der Gemeinde ein Grundlagenbescheid.«

Fünferlei unterschiedliche Bescheide sorgen dafür, dass der Leser nun nicht mehr Bescheid weiß und die Belehrung ihren Zweck verfehlt.

Eine *»Dienstanweisung Automatisierte Datenverarbeitung in der Finanzverwaltung«* ist dringend auf eine zusätzliche Bedeutungsanweisung angewiesen:

> »Die Anweisung: Bei der Anweisungsgruppe 0 ist das Datum der Tagesnachweisung das Anweisungsdatum. Anweisungen der Anweisungsgruppe 1 (Wiederholungsanweisungen) sind mit dem Datum des ursprünglichen Anweisungstages zu erteilen. Als Anweisungsdatum ist bei den Anweisungsguppen 2 – 4 der Tag anzuweisen, an dem die Anweisung erteilt wurde.«

Wenn Kenntnis des nachfolgenden Textes Teil einer Fahrprüfung wäre, gäbe es mehr Durchfälle:

»Neu wird allerdings sein, daß von den jeweils drei verbleiten Super- und Normalzapfsäulen, zweimal zwei bleifreien Normal- und Superzapfanlagen und den beiden Dieselhähnen beide Dieselstellen, je zweimal verbleit Super/Normal und je einmal bleifrei Super/Normal per Tankscheckkarte rund um die Uhr angezapft werden können.«

Miserable Übersetzungen erhöhen den Frust:

Ueberleben Messergepäck

Eigenschafte:

Messer: 6 Zoll Stahlklinge, Zum Rockwell Hartnäckigkeit 52–56 hitzbehandelte.
Kompass: Präzision Kompass ist gür Genauigkeit Flüssigkeit gefüllt.
Handel: Ferrofreier Hohlhandel ist wasserdicht wenn mit einer Schraubermütze (mit O-Ring) besiegelt wird, welche Kompass haltet.
Zündholz: 10 Stücke zündholze versehen ist.
Drähtsage: 20 Zoll Drahtsäge falten in den Hohlhandel. Fingerringe für die Säge in der Aussenseite von den Handel ausgerüstet werden.
Leine: 3M Nylonleine. Die Leine können für Fischen und Nähen usw. versendete werden.
Nadel: Gorsse Nadeln sind für Nähen, Notfall, medizinisches Gebrauch usw. versehen. Die Nadeln können an einen Klebestreifen festgebunden werden, werden, um eine Zinke zu formen und die kleine Fischen, Frosch usw. aufzuspiessen.
Scheide: Hochleistung scheide, (Order Kunstleder-Scheide) mit einem spitzenden Stein.

In diesem Fall – abgedruckt mit allen Fehlern – darf man voraussetzen, dass Messer, Kompass, Handel, Zündhölzer, Drahtsäge (auch wenn dort Drähtsage steht), Haken, Leine und Nadel genügend bekannt und selbsterklärend sind, um im Notfall Überlebenschancen zu sichern. Bei technischem/elektronischem Gerät wäre der Untergang vorausprogrammiert.

Von wegen »von Rechts wegen«

»*Ich will mein gutes Recht*«, sagt man. Gibt es eigentlich *ein spezielles gutes Recht für mich*? Und das der anderen ist schlecht und unrecht? Und gut und billig ist es so gut wie nie. Manchmal sogar teurer als das, worum es geht. »*Mein wohlverstandenes Recht*« heißt wohl so, weil es wohl von niemandem verstanden wird, außer von mir.

Es sind immer mehr Rufer in der Wüste, gegen ein Volk, das hasenfüßig und hypochondrisch um seinen Sozialstatus ringt. Mit Rettungsringen um dicke Bäuche, die schwache Lungen in Puste bringen. Es ist ja leicht, mit verbaler Geschmeidigkeit bei Politikern Vertrauen zu erregen und dabei aufzupassen, dass die Fleischtöpfe auf dem Herd bleiben. Nur für *ein* Recht braucht er nicht zu kämpfen, das hat er voll verinnerlicht: **sein Recht auf Verdrießlichkeit**. Aus dem lässt sich einiges ableiten: humorlos, gleichgültig, kontaktarm darf es sein.

Das *»gesunde Volksempfinden«* für Recht und Gerechtigkeit, für Schick und Schicklichkeit war in der Nazizeit und in der Nachkriegszeit im gleichen Volk absolut gegensätzlich: Mischehe, gleichgeschlechtliche Liebe, Rauchen und Schminken für Frauen, Jazz hören unterlagen und unterliegen gelegentlich heute noch Urteilen und Einstellungen von völliger Gegensätzlichkeit. Das Recht des Starken ist oft das größere Unrecht, je stärker es auftritt, desto größer die Rechtsbeugung. Nicht unbedingt Recht haben wollen ist eine selten anzutreffende Haltung. Vor der Rechenschaft am Jüngsten Tag ist die Angst immer mehr gewichen. So lange sollte man hienieden auf unnütz gesprochene Worte eine Steuer erheben.

Von Konrad Adenauer, dem ein aktiver, also täglich gebrauchter Wortschatz von nicht mehr als siebenhundert Worten nachgesagt wurde, stammt der etwas missglückte Satz: »**Je einfacher denken ist oft ein Vorteil.**« Führung braucht als Basis eine natürliche Autorität, quasi kraft Erscheinung. Sie braucht Souveränität ohne Dünkel, Urteilskraft ohne Zweifel, Ausdruckskraft ohne Drumherumgerede, Kritikfähigkeit ohne Schulmeisterei und zu all dem eine Disziplin, die nichts Pedantisches hat, sondern gradlinig und eindeutig einen vorgewählten Weg geht. Etwas finden, erfinden, es vereinfachen, versachlichen und es – was das Schwerste ist – **dann auch** *vermenschlichen*: das ist ein Grundsatz, der gelegentlich noch in der abtretenden Generation zu finden ist.

Der Mensch ist ein Zwischenwirt vagabundierender Gedanken. Sie kreisen suchend nach einer Behausung, nach einem Schädel, in dem sie ihre Wirkung entfalten können.

Politiker müssen manchmal unter ihrem Niveau bleiben, um verständlich zu sein, auch wenn sie gelegentlich *»auf Kosten des Steuerzahlers«* über ihre Verhältnisse leben. Aber wer führt schon? Wer läuft nur mit, wer trottet hinterher?

FRIEDRICH II., der Preußenkönig, hat seinen *»sämtlich Justitz Collegia«* die Leviten gelesen. In einem Brief vom 12. Dezember 1779 verweist er sie – *wie damals üblich von sich in der dritten Person sprechend* – auf die Gleichheit vor dem **Recht von König und Bettler** hin:

> »denn sie müßen nur wißen, dass der geringste Bauer, ja was noch mehr ist, der Bettler eben sowohl ein Mensch ist, wie Seine Majestät sind ... Darnach mögen sich die Justitz Collegia ... zu richten haben; und wo sie nicht mit der Justitz, ohne alles Ansehen der Person und des Standes, gerade durch gehen, sondern die natürliche Billigkeit bey Seite setzen, so sollen sie es mit Seiner Königlichen Majestät zu thun kriegen. Denn ein Justitz Collegium, das Ungerechtigkeit ausübet, ist gefährlicher und schlimmer, wie eine Diebes-Bande, vor der kann man sich schützen, aber vor Schelmen, die den Mantel der Justitz gebrauchen, um ihre üble Passiones auszuführen, vor die kann sich kein Mensch hüten, die sind ärger, wie die größten Spitzbuben, die in der Welt sind, und meritiren eine doppelte Bestrafung ... «

Sprache ist Haltung, unbesehen wie gut man sie spricht. Das sollte man auch den Dampfplauderern ins Stammbuch schreiben und denjenigen, deren Gesprächsbedürfnis badewasserwarm dahinplätschert und keine Wellen macht.

....

»Wo du so lange gewesen?« »In Knast.« »In Knast? Zu was?« »Wegen *Beamtenbestechung.*« »Dummes Kopf du! Wieviel Geld hast du Beamte bestochen?« *»Doch nicht mit Geld! Mit Messer!«*

Vier Worte nur

Eine *»Verordnung des Reichspräsidenten zur Vereinfachung des Erlasses von Ausführungsvorschriften vom 30. März 1933«* besteht aus einem Satz, der den greisen Feldmarschall VON HINDENBURG in seiner schlichten Denkungsart und überschaubaren Ausstattung mit Geistesgaben wohl nicht erreicht hat.

Die »Verordnung« hat folgenden Wortlaut:

> »Auf Grund des Artikels 48 Abs. 2 der Reichsverfassung wird folgendes verordnet: Soweit in Gesetzen und Verordnungen des Reichs die Zustimmung, Anhörung oder sonstige Mitwirkung eines Ausschusses des Reichstags zum Erlaß von Ausführungsvorschriften (Reichs- oder Verwaltungsvorschriften) vorgesehen ist, fällt diese Mitwirkung fort.
>
> Berlin 30. März 1933.
>
> Der Reichspräsident von Hindenburg
>
> Der Reichskanzler Adolf Hitler
>
> Der Reichsminister des Inneren Frick.«

Die vier Worte *»fällt diese Mitwirkung fort«* haben die in langen Palavern versuchte Einübung einer demokratisch-republikanischen Verfassung in Deutschland zunichte gemacht, zerstört. Anderthalb Jahrzehnte nach dem Ersten Weltkrieg wurde die Weimarer Republik auf legalem Wege durch ADOLF HITLER beseitigt und mit dieser Verordnung die Hitlerdiktatur in Alleinherrschaft besiegelt. Diese auf den ersten Blick harmlose »Verordnung zur Vereinfachung« – als *»Ermächtigungsgesetz«* in die Geschichte eingegangen – war der Freibrief zur Einleitung des dunkelsten Kapitels deutscher Geschichte.

Worte im Kauderwelsch*

70 Aküfi – der Abkürzungsfimmel
74 »Ham wir das notwendig?«
77 Ich schprechen öropäisch
79 Würde ich mal so sagen
83 Ich fasele Unverständliches
84 Durch Schreiben bleiben

* Eigentlich »Churwelsch«, für das schwer verständliche Rätoromanisch in der Schweiz (16. Jh.).

Aküfi – der Abkürzungsfimmel

Wenn die Sprache, wenn die Herkunft der Worte in ihrer Bedeutung verschleiert werden, verarmt sie zum Verständigungsmittel mit wachsendem Verstehensverlust.

Im heutigen Verstümmelungswahn verliert die Sprache ihr Leben, der Satz verliert seinen Klang, er kann seine Melodie nicht mehr singen. Bei den Kraftwerken gibt es AKW, EKW, KKW und WKW, Atom-, Elektrizitäts-, Kohle- und Wasserkraftwerke. Es gibt aber auch LKW, PKW und UKW, Last- und Personenkraftwagen und Ultrakurzwellen. DKW war mal eine Automarke, OKW das Oberkommando der Wehrmacht. Eine Verwandtschaft zwischen FCKW und NKWD besteht nicht.

»*Wie sind Sie fmdl. erreichbar?*«, will die Post auf einem langatmigen Antragsformular für einen Fernmeldeanschluss (Telefon) wissen. Der soll nun auch den »sozial Schwachen« zur Teilnahme an der Individualkommunikation verhelfen. Müssen sie sozial schwach bleiben, weil sie schon am Formular scheitern? Telefonieren können sie schon.

Der Unternehmer *Bizer* aus *Balingen* gründete die Firma *Bizerba*. Die Betonung wechselte von der ersten auf die zweite Silbe. Der Fabrikant *Hans Klenk* aus Mainz gab die größere Zahl der Buchstaben seines Namens für seine Produkte: *Hakle*, die wurden Synonym für Klosettpapier. Buchstaben- und Silbenabkürzungen von Unternehmernamen gab es bis in die Nachkriegszeit so viel wie Zahnräder in den Zeichen für Maschinenfabriken *(Jopa/Joseph Pankok, Adidas/Adolph Dassler, Kenco/Paul Kenne etc.).* Der Baumulti *Boswang Knauer* bellt schon lange *Boswau*. Die Konkurrenz *Dykerhoff & Widmann AG* stümmelt *Dywidag*. Die *Esüdro* (Einkaufsgenossenschaft süddeutscher Drogisten) kaufte einst für den *Südrofa* (Süddeutschen Drogeriefachverband) ein. Solche Lautverbindungen muss man auf der Zunge zergehen lassen. Da ist man endgültig bei den Lall-Lauten von Donald Duck angelangt und sollte konsequenterweise den Firmensitz nach Disneyland verlegen, um sich dort heimisch zu fühlen.

Das *Museum of Modern Art* ist in den Feuilletons nur noch als zahnloses *Moma* zu finden. Zunehmend weiß man nur noch, dass es für ein Museum »der modernen Art« oder so in New York stehen soll. *Opac* (Online Public

Access Catalog) ist etwas anderes als *Opec* (Organization of the Petroleum Exporting Countries).

Die Hessische Landesbank hat sich auf ein langweiliges »*Helaba*« zurückgellalt. Da hat die Landesbank Baden-Württemberg, *LB-BW*, doch hoffentlich die Chance wahrgenommen, sich »*Lababawü*« zu nennen. Kein Wunder, dass die drittgrößte Industrienation der Welt beim Grand Prix Eurovision mit »*Waddehaddeduddeda?*« würdig vertreten war. Vielleicht sollten wir besser mit einem genmanipulierten Eingriff auch noch das schmerzhafte Zahnen im Babyalter abschaffen.

Was früher mit *Jupiter-*, *Apollo-*, *Minerva*-Werken der griechischen Mythologie seine Reverenz erwies, wird heute mit *inter*, *euro*, *tele* und *tronic* inflationiert. Die Himmelsrichtungen sind abgeklappert: *Nordd.*, *Westd.*, *Südd.* Unternehmen findet man spaltenweise in den zugehörigen Großstadttelefonbüchern. Ebenso Landsmannschaftliches: *Württ.*, *Bad.*, *Bayr.*, *Hess.*, *Westf.* oder *Rhl.-Westf.*

Ich bin mir ziemlich sicher, dass ich am Ende eines Briefes *mfg* nicht mehr als freundlichen Gruß empfinde, während *l. m. a. A.* eine angemessene Abkürzung ist. Jeder Kleinanzeigenleser weiß, dass *Bj.* nicht Bonjour, sondern Baujahr heißt. Und Lesern von Heiratsanzeigen erschließen sich ganze Welten, wenn ihnen auf kleinstem Raum mitgeteilt wird, dass man »*nicht unvermögd. und großzgg.*« ist. Etwas verwundert stellt man fest, dass das Kleingeld für vier weggekürzte Buchstaben fehlt. Wer nicht unvermögend ist, muss also vermögend sein (Minus mal Minus gibt Plus?). Da kann man doch für gespartes Geld *nicht un-* weglassen und *vermögend* sogar noch fett drucken lassen. Dass jemand *Univ.-Prof. Dr.-Ing.* oder *Dipl. oec.* ist, sind wir gewohnt. Nur nicht so sehr auf dem Heiratsmarkt. Auch kommen wir klar, wenn jemand *led.*, *verw.*, *gesch.* oder *getr. lbd.* ist. Ob *ev.* nun evangelisch oder eventuell heißen soll, muss der Zusammenhang ergeben.

Zur Grundausstattung im Persönlichkeitsbild gehört, dass man *zuverl.*, *zärtl.*, *sinnl.*, *einfühls.* und dennoch *sportl.* und *dyn.* ist. Die Interessen sind weit gespannt: *Theol.*, *Psychol.*, *Philos.*, *Soz.*, *Lit.*, denn immer wieder ist man *aufgeschl.* und stets *großzgg*. Nie ist jemand *nachtrgd.*, *kleinkar.* und *unsinnl.* Herauszufinden, ob *beg.* nun begabt, begütert, begehrt, begnadet, begeisternd oder beglückend heißen soll, macht das Lesen zur Rätselrunde mit Erfolgserlebnissen. Jedenfalls lehrt uns die Lebenserfahrung, dass damit nicht begriffsstutzig, begrenzt oder begierig gemeint sein kann. Darüber hinaus hinterlässt der *charm.*, *gutauss.*, *attr.*, *viels.*, *gepfl.* und *intell. Akad.* das Rätsel, weshalb ihm nicht auch in der freien Wildbahn die Herzen nur so zufliegen, ganz besonders, wenn er die *hochgest. ges. Pos.* bietet.

Nach der Lektüre einer Seite Heiratsanzeigen bin ich immer wieder ganz baff, welche großen, manchmal selbst unvereinbaren Tugenden in diesem unserem Volke schlummern, ja blühen. Am liebsten möchte ich sie alle gern kennen lernen, die trotz angedeuteter Schicksalsschläge ein Ausbund an Optimismus und Lebensbejahung sind.

Die Maulfaulen werfen sich Brocken zu und die Verständigung klappt. Mit *hej* fängt das an, geht über *top*, endet bei *klaro* oder durch stummes Hände-gegeneinander-Klatschen. *Bots* ist ein Roboter, *Eso* ein Esoteriker, *Nerk* einer, der auf die Nerven geht. Wenn ein GAU der größte anzunehmende Unfall ist, ist der DAU der dümmste anzunehmende *User* (Nutzer/Anwender).

In der Hackersprache (*Hakspek*) gibt es eine Reihe von Abkürzungen für häufige Floskeln*, schnell, gängig und abgehackt:

afaik	as far as I know	B4N	bye for now
aij	am I Jesus?	bbl	be back later
asap	as soon as possible	c u l8r	see you later
r u ok?	are you ok?	K3WL	kewl, für: cool

* Die Floskel ist eine Redeblume von *floesculus*, dem lateinischen Blümchen, sie ist dem Flirt verwandt.

In der dominant amerikanisch beeinflussten unterhaltenden Musik verständigt man sich international über die instrumentale Besetzung einer Band:

tr trumpet/Trompete ∘ tb trombone (Posaune) ∘ git guitar/Gitarre ∘ dr drums/Trommel ∘ voc vocalist/Sänger/in ∘ sax saxophone ∘ b bass

In der Eigenwerbung einer großen Lokalzeitung wird für den Automarkt mit folgenden Abkürzungen geworben:

Bj 86, GTX, 1. Hd, ABS, Ant, kpl, hvst, LM-Felg. SSD, rep-bed, Zust. SP, 6-trg, Color, EZ, AHK, SL, Kat, met, ZV … Weiter im Text:

1a gepfl. Topzust. EZ11/99, 78 Tkm, eFh, Esi, Navi, Kat. uvm, TÜV 10/02, VB 40 000,–. *Was sagt uns das?* **Das sagt uns viel:** Ein Auto befindet sich in einem 1a gepflegten Topzustand, hat eine Erstzulassung vom November 1999 und ist brave 78 000 Kilometer seitdem gefahren. Es ist ausgestattet mit elektronischen Fensterhebern, elektronischem Sicherheitssystem, einem Navigationssystem, Katalysator und vielem mehr. Zum Technischen Überwachungs-Verein muss es wieder im Oktober 2002 nach Christi Geburt. Über den Preis lässt sich reden, die VB (Verhandlungsbasis) von 40 000,– DM enthält noch die Luft, die man sowieso rauszulassen bereit ist.

Problematisch sind die Farbangaben. Sie lassen sich nicht abkürzen und sind dennoch mehr imponierend als genau: *alexandritgrünmet., smaragdschwarzmet., onyxgraumet., brillantsilbermet., turmalitgrünmet.* und *violanmet.* Met = metallic. Es ließe sich so viel sagen über diese Wunderfahrzeuge. Aber der Zeilenpreis, der Zeilenpreis! Bei schlappen 40 000 Mark, die man haben will, geizt man um jede Mark für die Kleinanzeige und kürzt bis zur Unverständlichkeit.

Die Satz- und Worterfindungsgabe eilt eigenwillig und unberechenbar dem Sprachverständnis voraus. »Haben wir das notwendig?« »Nee, das haben wir sattsam.« »Das machen wir auch geduldigermaßen nicht mehr mit.« »Und wohlwollendermaßen schon abartig nich!« »Nichtstrotzdesto werden wir den Luschis eine reinsemmeln«, aber »voll fett krass ey! Sach ich mal!«

Die Aktualität und der Werteverfall der Harteierbegriffe ist nach Monaten zu bemessen, dann folgen neue.

In der Sprache sollte man nicht in raschem Wechsel – wie bei den Klamotten – nur danach suchen, was gerade *in* oder schon wieder *out* ist. Worte und Begriffe müssen wir danach wählen, wie trefflich sie unser Sagenwollen zur Sprache bringen. Ganz gleich, ob es ein antiquierter Ausdruck ist oder Hiphop, früher: Husch-husch!

Wysiwyg ist ein Versprechen (nicht im Sinne von »ich habe mich versprochen«, sondern mir wird etwas versprochen). *Was ich sehe, das bekomme ich auch*: Kopiergeräte, Tintenstrahl- und Laserdrucker versorgen mich mit einem Ausdruck (nicht im Sinne von Gesichtsausdruck, sondern im Sinne von Druckergebnis), mit einem Druck auf Papier, der genauso aussieht wie auf dem Bildschirm oder wie das wiederzugebende Original. Unsere Techniker haben uns in den letzten fünf Jahren weitergebracht als die Drucker in den ersten fünfhundert Jahren nach Gutenberg.

»Ham wir das notwendig?«

Im Kommunikationszeitalter sind wir mehr und mehr dem Lallen verfallen. Über unsere Autobahnen donnern die Riesenbrummer mit Doppelanhängern. Mit den Aufschriften *»Milky Way«*, *»Mars«*, *»Bounty«*, *»Lila Pause«* einer blühenden Lutsch- und Knabberindustrie. Die Wohlstandsgesellschaft muss den Mund voll haben. Nach Brust und Daumen kommen Schnuller und Flasche, Strohhalm und Kaugummi, Zigarette, Zigarre, Pfeife.

Unsere Nuckelgesellschaft wächst mit schiefen Zähnen, fehlgebildeten Kiefern und sabbernden Lauten auf. **Wenn du klein bist, bist du niedlich, bleib es also so lange wie möglich**: herumgetragen, verwöhnt, verantwortungsscheu. Das Einzige, was sich im Kopf bewegen muss, ist das Kaugummi.

Die Kommunikationsgesellschaft macht das Gegenteil von dem, was sie soll: mit Fernseher, Computer, Videospiel, Kassettenrecorder *schafft sie die dialoge Kommunikation ab*. Die Familie sitzt nicht mehr um den Tisch, spielt nicht mehr *»Mensch ärgere Dich nicht«*, *Quartett*, *Halma*, erzählt nicht, singt nicht, lacht nicht. *»Sprachentwicklungsverzögerungen«*, sagen die Ärzte: Die Zunge drückt an den Oberkiefer, der Zahn steht waagrecht, der Kiefer klemmt. Die lieben Kleinen lallen, gurren, plappern, sabbern und werden mit püriertem Einheitsbrei zugestopft und mit Pampers entsorgt.

Erwachsen erleben wir diese *»Hab doch alles für sie getan«-Produkte* als arrogant verstockte Nichtwisser, als ewig zu kurz Gekommene, als glanzlackierte Mogelpackung mit Spoiler, Frontflipper und Seitenschweller, als Meingutes-Rechthaber und Fass-mich-nicht-an. Schlimmer dran sind noch die hasenfüßigen Flunkerer und Notlüger. Das gelegentlich befriedigende Selbstwertgefühl des Besserwissers lernen sie nie kennen.

Ihre Spreche und Schreibe entspricht dem, was der Schularzt zunehmend besorgt mit *Legasthenie* bezeichnet, als Lese- und Rechtschreibschwäche. Sie können nicht unterscheiden, ob »er kam, sah und siegte« oder »kam, sah und siechte«. Der *Vorder*grund ist etwas anderes als der *Forder*grund.

Außer Wortwürze, mit der wir unsere Alltagssprache schmackhaft machen, gibt es mancherlei Rückschlüsse zu ziehen: *»Weißt, was ich mein?«* Nach jedem zweiten Satz misstrauisch hinterfragt, kann nervtötend sein. Skeptiker kontern jede Aussage mit *»Weiß man's?«* Sätze, gespickt mit *»unheimlich«*, *»wahnsinnig«*, *»irre«*, *»geil«* und *»toll«*, *»voll krass«* und *»fett* *stabil«* in Talkshows *fun fun fun, fucking fun*. Sie stimmen mit abgesägtem Auspuff knallend gegen ruhigen Frohsinn nach innen. Sie leben an der sprachlichen Armutsgrenze, vom Autor meist völlig unbemerkt. Ihrer Schockwirkung sind sie völlig verlustig gegangen. Das gehört in das noch zu schreibende Guinness-Buch der Sinn-Laut-Verschiebungs-Rekorde. Ältere Herrschaften finden vieles »*ver-hee-rend«*, weniges »*faa-bel-haft«* und nur manches »*iiirre«*.

Alles geht ab und an: anheuern, abheuern, anvermieten, abvermieten, an- oder abliefern, anmachen, abmachen, anturnen, abturnen (im Sinne von *törnen*, nicht in der Turnhalle, sondern in der Disko), anwerben, abwerben, anschmieren, abschmieren.

Der so genannte *Nach-wuchs*, der unruhig in den Startlöchern scharrt, hat für die Weicheier seiner Generation verachtende Schimpfwörter gefunden, die sich schnell verbreiten. Solange es nur Doppelworte sind wie *Sitzpinkler · Vorwärtsparker · Warmduscher · Sockenfalter* behalten sie eine gewisse Merkfähigkeit. Die Mehrfachkoppelwörter werden es schwerer haben, länger zu überleben als die Ostfriesen-, Blondinen- und Mantafahrerwitze. In der Sprache entsteht Bedeutung durch Wegnahme, Kürze. Dichtung nennt man das. Zu den Bandwürmern gehörten: *Ewigdankeschönsager · Käserindenabschneider · Zahnarztterminverschieber · Standheizungsfernbediener · Kondomfalschrumabroller · Papierauftoilettenbrillenleger · Haustürzweimalabschließer · Stilleswassertrinker · Heißenteepuster.*

Zur Lesbarkeit tragen Bindestriche bei, um die Wortketten zu gliedern: Die *Hab-ich-schon-immer-gewusst-Sager*, die *Alle-die-mich-kennen-Grüßer*, die *Oma-über-die-Straße-Helfer* und *In-Fahrtrichtung-Fensterplatz-Sitzer*.

Jeder möge sich prüfen, ob er nicht einem oder mehreren dieser Typen angehört, dann wird er die Banalität dieser *Weichei-Begriff-Erfinder* gern bestätigen. In einer Runde von *Spaß-haben-Wollern* wird er sich beifällig mildlächelnder *Halbes-Ohr-Zuhörerschaft* erfreuen. Am Rande steht einer und sagt zum Nachbarn: »Soll ich ihn jetzt in den Arsch treten oder in die Eier?« Das ist dann die alte neue Härte.

Der Kontrasttyp zu den Wohlstandsschlaffis ist zwar in der Minderzahl, er wird aber auffälliger: zähneknirschend mit mahlenden Kinnbacken, die Großraumhose, mit dem Hosenarsch zwischen den Knien, seitenbelüftete

Turnschuhe mit offenen Bändern und – um bei den Kettenworten zu bleiben – *Mützenschirm-nach-hinten-Träger*. Die Strammen tragen »Arschfickerhosen«. Der **Push-up-Bra**, ein BH, ist ein Tittenhochsteller. Sie baggern und graben in der *Aufriss-Zone*. *Megacool* und *fuck'n'run*. Über die Jahreszeiten hotten sie vom *Snowboard* auf das *Skateboard*, auf das *Surfbrett*. *Action* und *Vibrations* sind allerorten angesagt. Stets schlafen sie ruhig, bei und tief. Und sie arbeiten daran, ihre Zugriffszeit zu verbessern.

Sie reden *»galaktischen Unsinn kosmischen Ausmaßes«*. Rhetorische Fragen erwarten keine Antworten. Sie drängen nur etwas auf, indem sie einen *»ungeheuren output«* loben. *»Das machst du doch mit links.«* Ich komme nicht dazu, zu sagen, dass es rechts schneller geht. Ich liege dabei nicht falsch, weil ich sitze, und kann nicht auf dem Teppich bleiben, weil ich auf frisch gehobelten Bretterböden lebe. Ich muss mir nichts abschminken, weil ich mir nichts angeschminkt habe, und ich komme nicht hin, wo wir hinkämen, wenn …, weil ich hier bleibe. Und bei *»Alles klar«* ist nichts klar, denn ich höre, wie man so sagt, nur mit halbem Ohr zu.

Das Handy bringt die selbst geschulten Kontaktschwächlinge vielleicht leichter zusammen, aber es treibt sie auch wieder auseinander. Sie haben alle ihr Handy und ihr Handicap. Die Rechte rutscht mit zusammengewachsenen Fingern über der Maus vorm Bildschirm hin und her. Die Linke hält das Handy im Würgegriff. Die fast zur Untätigkeit verdammten Hände, unser intelligentestes Werkzeug und ein Schlüssel zum Menschen als »Krone der Schöpfung«, bekommen bald den Stinkefinger nicht mehr hoch.

Wenn einer »gegangen worden« ist, dann war das nicht freiwillig, sondern im Widerstand. Man hat ihm Beine gemacht, natürlich »in gegenseitigem Einvernehmen«. Wer hat da wen einvernommen? In der sprachlichen Leideform *»wird sich«* häufig: Es *wird sich* auf eine gemeinsame Sprachregelung geeinigt, es *wird sich* gerade gesessen, es *wird sich* zusammengerissen. Es *wird sich* aufgepasst. *Da hört sich aber alles auf!*

Ich schprechen öropäisch

Wenn's ums Geld geht: Da wird mir im *Investor's Guide* das *ConSors Trading Desk/Fonds Team* vorgestellt, lauter clevere Jungs, ewig grinsend, so scheint es jedenfalls. Und ich erfahre die *Fonds News*, die *Fonds Tools*, den *Investment Focus*. Die *Hitlisten* und den *Performance Guide* lese ich und kann mich nicht entschließen, über *ConSors Phone Booking* sofort beim *Orbitex Health & Biotechnology Fund* einzusteigen. Auch wenn das Zukunft hat. (*Standard & Poor's Micropal* hat eine Wertentwicklung seit Auflegung von 78,32 % notiert!) Und wenn die Börse beim nächsten *Bear-Market* fällt, dann mach ich – clever, clever – eine zusätzliche Einmalzahlung, denn der nächste *Bull-Market* kommt bestimmt! Meine Fonds-Kennzahl habe ich mir über *sharpe ratio* ermittelt:

jährliche Performance x risikoloser Zins

jährliche Volatilität

Damit weiß ich meine Überschussrendite pro Risikoeinheit. Alles klar? Es geht »up to the stars«! Werde ich womöglich noch ein gesuchter *Key Player* im *Venture Capital Market*? Die Sache hat ihren Vorteil: Die können mir nichts unterjubeln. Es liegt alles jenseits einer verlässlichen Sinnstiftung.

Fortschritt ist, wenn für mich bei einem Elektrogerät die Gebrauchsanweisung einigermaßen verständlich ist und die Anweisung für das nächste Modell, ein Jahr später, wie die letzten Fragen der Menschheit offen bleibt. Ungeteiltes Missverstehen kann nicht zu doppeltem Verstehen führen. Mit meinen Softwaremacken komme ich nicht weiter.

Europäisch sprechen heißt weitgehend: englisch/amerikanisch. In der Luftfahrt ist das Englische seit Jahrzehnten verpflichtend, in den Computer- und Elektronikbranchen ist es unvermeidlich, in der Werbebranche ist es schick, und auch sonstwo ist man damit *hop* oder *top*. Die Franzosen führen einen öffentlichen Kampf gegen Anglizismen. Den Deutschen ist das »*Denglisch*« prestigeträchtig, umsatzfördernd bis *gigageil*. Fotografen, die was auf sich halten, machen auch nur noch Bilder für *Fashion and Beauty, Food and Stills, People and Travel, Landscape and Transportation*.

Man will wissen, wo es langgeht. Trendscouts werden angesetzt und finden und erfinden neue Berufe: *Relationship-Manager, Retention-Marketing-Manager, Category-Manager, Internet-Scout*. Es sind Jobs, bei denen das einzig Aufregende der Name ist. Früher war das alles in der Verkaufsabteilung untergebracht. In den Stellenanzeigen wird nach Originalität gefragt, wenn die *job-description* das nicht bietet, erwartet man Ähnliches: eine Leidenschaft etwa als Tischzauberer, Hundefänger, Freizeitastronom.

Muss ich die Namen der kurzlebigen elektronischen und digitalen Gerätschaften lernen, mit denen ich mein *Mediaspace-Büro, virtual office, Fraktales Büro, Home office* und *Just-in-Time-Büro* ausstaffieren soll? Neben meinem *Intel Pentium III 600 Mhz-Prozessor*, dem *Epson Stylus Color 670* und dem *Loewe alpha tel 3000 DT* steht mein Wunsch nach etwas mehr Kundennähe, nach persönlicher Ansprache, nach **handgeschriebenem Brief mit mundgeleckter Marke**.

Landsmannschaftliche Dialekte oder Einfärbungen geben der Sprache rote Backen. Sie sind oft treffender, bildreicher, begreifbarer, oft auch witziger. Das Plattdeutsche ist alles andere als platt, das Schwäbische hat viel Mutterwitz, die Sachsen zeigen ein dialektisches Selbstbewusstsein. Der wärmste, gemütsstärkste deutsche Dialekt, das Ostpreußische, wird in absehbarer Zeit ausgestorben sein.

Darüber hinaus kann man den Gesichtsausdruck, die Hände, den Körper zur Hilfe nehmen, um dem Wort Ausdruck zu verleihen. Und man versteht es selbst dann, wenn man nur die Sprache, nicht aber lesen und schreiben gelernt hat. Was Wunder, dass die Bildmedien Millionen Zuschauer vor einen verfilmten Roman bringen, der nur von einem Bruchteil gelesen und auch im Kino angesehen wurde.

Von den spendensammelnden Naturschützern erfahre ich, dass es um die »*Feuchtwiesenvogelpopulation*« nicht zum Besten bestellt ist. Es ist alles trockengelegt und nutzbar gemacht worden für eine Landwirtschaft, die Europa überversorgt. Der *Kampfläufer* ist vom Aussterben bedroht und *Feldlerche, Schafstelze, Braunkehlchen, Kiebitze, Uferschnepfen, Brachvögel* und *Rotschenkel* sind im Rückgang aus verlorenen Lebensräumen. Die meisten dieser Existenzkämpfer kenne ich nicht, dennoch, diese Namen sind anheimelnd und machen mich mitfühlend.

Würde ich mal so sagen

Die Sprache der Null-Bock- und No-Future-Generation, sie liegt kaum zwei Jahrzehnte zurück, hat bereits ihr Verfallsdatum überschritten: Das *Antörnen* mit *geil*, *oberaffengeil* und *schweinegeil* ist schon ranzig. *Etwas nicht gerafft* oder *einen an der Waffel haben* ebenso. Auf der *Zickenverlade* 'ne *Schnecke angraben*, 'ne *Zombietante*, *Tussi* oder *Sahneschnitte aufreißen* und in einer *Beziehungskiste* landen, ist nicht mehr der *helle Wahnsinn* und auch nicht zum *Ablache*n. *Knete* vom *Big Boss* gibt es eh nicht.

Haltbarer sind Sprüche, die mit Sinn- oder Wortverdrehungen arbeiten:
»Was lange **gärt**, wird endlich **Wut**«
»Lieber lebendig als normal«
»Legal – illegal – scheißegal«
»Unordnung ist, wo nichts am rechten Platz ist –
Ordnung, wo am rechten Platz nichts ist«

Die Sprache der Jungen ist nicht abriebfest, sie blättert schnell, wird aber stetig nachgearbeitet und erneuert: **Es ist die Sprache des zerhackten, verkürzten Denkens:** *Echt total gut! Ist doch logo!*

Dabei ist unsere Sprache nicht arm. Wir vernachlässigen sie nur mehr als unseren Ölstand im Auto und den Reifendruck. Es gibt im Umgangsdeutsch für ein und dasselbe mehrere Worte, die leicht unterschiedliche Bedeutungen oder landsmannschaftliche Einfärbungen haben: die *Ohrfeige* oder *Backpfeife* wird norddeutsch auch als *Backs* und bayerisch als *Watschen* bezeichnet. Man sagt auch »*eine schmieren*«, »*eine scheuern*«, »*die Fresse polieren*«.

Bei Ringelnatz ist nachzulesen:

> Im Eismeer (jeder weiß das ja)
> Da liegt Novaja Semlja.
>
> In Hamburg (das ist auch bekannt)
> Wird die Semmel »Rundstück« genannt.
>
> Im Eismeer – sagt man in Hamburg – da
> Liegt Novaja Rundstückja.

»*Na, denn woll'n wir mal.*« Die abgedroschenen Redensarten, mit denen Skatbrüder ihre Runden dreschen, verbreiten das, was man gern »*gesunden Menschenverstand*« nennt, was aber niemand bedauert, der an der Armutsgrenze der Ausdrucksfähigkeit lebt. Ihre Redensarten und Flachwitze strengen im Kopf nichts an und finden leicht ihresgleichen.

Man mag sich nicht festlegen, nicht beim Wort genommen werden, keinen Standpunkt beziehen. **Unangefochtener lebt man im Ungefähren.** Da werden in Schwebesätzen Floskeln eingebaut, »*im luftleeren Raum*«, wie man so sagt, obwohl sie da herunterfallen. Unvollständige Sätze schweben zwischen Ungewissheit, Zweifel und Hoffnung. Ein Gespräch kommt nicht zum Punkt. Man soll nicht so genau wissen, woran man ist:

Eventuell …, kommt darauf an …, könnte sein …, unter Umständen …, woll'n mal seh'n …, weiß noch nicht …, überleg ich mir noch …, schon möglich …, also kucken wir mal, nich?

Da drückt man die Zunge gegen den Gaumen, um nicht loszuplatzen mit dem, was man denkt: »Verpiss dich doch!« Wie wohltuend und fortschrittlich ist da ein deutliches »Ja!« oder »Nein!«

»Darf ich Sie mal anrufen?«
»*Ja, ich stehe im Telefonbuch.*«
»Und der Name?«
»*Steht vor der Telefonnummer.*«

Alles klar? Absolut!

Gleichartige Verschiedenartigkeit:

»Fahren Sie auch nach Berlin? Ja? Dann können wir ja *zusammen fahren.*«
»*Wenn ich Sie sehe, fahre ich immer zusammen.*«

»Grüß Gott, Herr Generaldirektor.«
»Ich bin kein Generaldirektor, ich beschäftige welche.«

»Wenn ich mit Ihnen verheiratet wäre, *würde ich Ihnen Gift geben.*«
»Wenn ich mit Ihnen verheiratet wäre, *würde ich es nehmen.*«

»Ihr Mann braucht ein Beruhigungsmittel.« »Wie oft soll er es nehmen?«
»*Er* nicht. *Sie!* Dreimal täglich.«

»Haben Sie Rattengift?« »Ja. Für wie viel Personen?«

»Was wünschst du dir zum Geburtstag?« »Die Scheidung.«
»So viel wollte ich eigentlich nicht anlegen.«

»Schreibt man neuerdings Doktor mit ck?« »Ganz sicher nicht.« »In der Zeitung stand, das Schiff konnte nicht ins Wasser, weil ein Docktor klemmte.«

»Kann man hier anständig essen?« »Die anderen Gäste können das.«

»Ihre Reifen sind abgefahren.« »Nichts wie hinterher!«

Verharmlosung lässt eine Gefahr erst beim Nachdenken erkennen:

Statt *totschlagen*: »Ein Wort noch und ich mache mich zur Witwe.«

Statt *verachten*: »Hab ich dir sehr gefehlt, als ich letzte Woche weg war?« – »Ach, du warst weg?«

Statt *unwissend zu bleiben*: Fragt der Türke, der das Wort Mond nicht weiß, seinen Spezi: »Wie heißt Kollege von Sonne, wo Nachtschicht macht?«

Umgang mit Fremdworten ist Glückssache. Und kann sehr amüsant sein, wenn man danebengreift. Beim Fleuristen: »Ich hätte gern einen Strauß *Gladiatoren*.« »Sie meinen sicherlich *Gladiolen*.« »Natürlich, Gladiolen! Gladiatoren, *das sind ja diese Heizkörper!*«

Wenn der Lehrer fragt: »Wer kann mir sagen, wie lange Krokodile leben?«, dann kann man es auf die *Lebensdauer* beziehen und antworten: »Genauso lange wie kurze.« Versteht man es auf die *Körperläng*e bezogen, wäre die Antwort: »Genauso wie kurze.«

Solange Missverständnisse Heiterkeit auslösen können, sind sie harmlos bis wohltuend. An Missverständnissen sind aber schon Termine geplatzt, Fehleinschätzungen erfolgt, Beziehungen zerbrochen. Das flottweg Ausgesprochene, das nicht mehr zurückzuholen ist, hat dem halbwachen Verstand schon manches unangenehme plötzliche Vollwachsein bereitet.

Unsere Sinneswahrnehmungen werden über ihre Empfängerorgane im Gehirn verarbeitet. Wir sehen und hören mit dem Gehirn. Unsere Erfahrungen, Erlebnisse und Einsichten verrechnen diese Werte höchst unterschiedlich und bringen sie in aberhundert Sprachen und Dialekten und in zahllosen

Schriftbildern in die Kommunikation ein. Insofern stimmt der Begriff vom *»global village«* nicht, denn auf dem althergebrachten Dorf kannte noch jeder jeden und kann noch jeder jeden verstehen.

Brief an den Chefredakteur eines Fachmagazins für die Druckindustrie:

》... es gibt Zukunftsdeuter, die voraussagen, dass im kommenden Jahrhundert im Geschäft englisch und zu Hause deutsch gesprochen wird. Das wird allerdings eher gemischt als getrennt vorkommen. An dieser Entwicklung werde ich keinen Anteil mehr haben und nehmen.

In Ihrem Magazin hat diese Entwicklung ohne notwendige Bedrängnis vorauseilend Fuß gefasst. Wenn ich auf zwei Doppelseiten folgende Überschriften lese:

»OCR-Software TextBridge Pro 9.0«
»DMS-Software PageManager«
»Multitasking mit Pagis Pro 3.0«
»OmniPage Pro Scanner Suite«
»Fine Reader 4.0 goes Europe« –
dann verstehe ich nur noch Bahnhof.

Es wird *prepress* und *postprint* nur noch *gescannt* und *geprooft* und *gecheckt* und es wird *computer-to-plate* und *plate-to-print* der *workflow* auf der Höhe der Zeit gehalten.

Nun stehe ich als »Beratendes Redaktionsmitglied« seit bald drei Jahrzehnten im Impressum Ihres Blattes und muss befürchten, dass mich jemand auf diese oder Dutzende anderer Begriffe ratsuchend anspricht. Da muss ich dann passen. Ein übrig gebliebener Designosaurier. Um nicht in Gewissensnöte zu kommen, bitte ich Sie: Nehmen Sie meinen Namen bei passender Gelegenheit, etwa zur Jahrtausendwende, stillschweigend aus dem Impressum heraus.

Unabhängig davon fühle ich mich Ihrem Magazin und Ihnen verbunden und stehe Ihnen bei gewünschtem Anlass zur Verfügung. ...《

Ich fasele Unverständliches

Wenn ich auf einer Party mir jemanden, der mir nichts getan haben muss, vom Hals halten will, gebe ich mich wahlweise als *Astrophysiker* oder *Molekularbiologe* aus. Ich fasele Unverständliches mit eingestreuten Worten wie *Genchip-Technologie, Eugenik, Genomik, Astrolabium* und *Astrognosie*. Ich bekenne, dass ich Fadenwürmer klone und selbst übrigens über einen hervorragenden Chromosomensatz verfüge. Das Gegenüber dreht sein Glas in den Händen, eilt davon zum Häppchenholen. Und kommt nicht zurück. Sollte er wider Erwarten zurückkehren, gebe ich mich als **bekennender Nihilist mit Hang zur Scientology** aus. Ich begebe mich dann zu meinem Freund Rolf, der voller unanständiger Witze steckt wie ein Pelz voller Läuse. Hinterher höre ich, dass ich **ein völlig durchgeknallter Typ bin.**

Man sammelt Informationen über mich:

»Wie ist der eigentlich Professor geworden?«

»Das frag ich mich auch!«

»Na ja: Kunstakademie!«

»**Vor ihm** – in der ersten Nachkriegszeit – kam der Professor im Sozialprestige gleich nach den Kardinälen.«

»Soso. Und **mit ihm** ist das unter die Handelsvertreter gesunken.«

Dennoch:

Niemand auf der Party enttarnt mich als Universaldilettanten: Wissenschaftsehrfurcht und Wissenschaftsgläubigkeit haben die religiöse Gläubigkeit längst abgelöst und dümpeln zwischen Bewunderung und Ratlosigkeit dahin.

Durch Schreiben bleiben

Ob ich mit der Schreibfeder in der Hand denke oder mit zusammengewachsenen Fingern die Maus hin und her schiebe, *wichtig ist: ich denke.* Ob sich Sprache elektronisch mitteilt oder von Mund zu Mund, *wichtig ist: sie teilt sich verständlich mit.* Den Wert dieser Kommunikation bestimmen zwei Faktoren: der Inhalt und die Form.

In der Form hat das lesbar Handgeschriebene einen hohen, persönlichen Wert, im Gespräch hat der Dialog von Angesicht zu Angesicht die eindrucksstärkere Wirkung. Ob etwas aus dem Herzen oder verstandgesteuert kommt, bestimmt auch ein anders wirkendes Schriftbild oder eine anders klingende Sprache.

Das Schriftgut aus einem Büro, einem werbenden Unternehmen ist – auch bei freundlich persönlicher Ansprache – unpersönlich, massenhaft. **Gegenwärtig – und sicher zukünftig noch mehr – wird der handgeschriebene Brief achtunggebietend aufmerksam aufgenommen.** Die langsamere Verbindung von Denken und Schreiben verhaftet das Wort anders als der Automat. Es lehrt gut denken und schön schreiben. Die gut zwei Dutzend Zeichen des Alphabets in ihrem Auf und Ab und von links nach rechts können mit mehr Sinn aufgeladen und mit größerer Aufmerksamkeit gelesen werden. Im Kopf entstehen eigene Bilder, die mit den Automaten, Transmittern, Übertragungselektroniken nicht recht auftauchen wollen. Das mit der Hand – mit der vom Herzschlag durchpulsten Hand – dingfest gemachte Wort ist eine Charakterabgabe in der Zeitfolge des Denkenkönnens. Die Hand verhandelt den Gedanken, dem man schreibend Zeit geben kann, sich zu bilden.

Die Aufforderung, mit der Hand zu schreiben, ist kein Protest gegen den Mausklick, solange er die Verbindung Hand-Auge-Hirn in Harmonie bestehen lässt. Im Schreiben ist das Menschbewusstsein zu sich selbst so nahe, dass es auch ein anderer fühlen kann. Das steigert den Beachtenswert. Im Geschriebenen ist die Duldsamkeit gegenüber Rechtschreibfehlern viel höher als im Gedruckten. Falschverstehen kommt dabei selten auf. Ob mit Fön der Fön im Badezimmer oder der Föhn im Wetterbericht oder im Alpenvorland gemeint ist: So gut wie immer ergibt der Zusammenhang das Gemeinte. Die Hand, die schreibt, be-greift besser.

Worte in Werbung und Sport

 86 Vom Ja-aber-Sager zum Aber-ja-Sager
 91 »Da sind Sie geholfen«
 96 Zukunft kommt auf uns zu
 99 Man wird doch noch mal fragen dürfen!
100 Der Sport hat kein Wort

Vom Ja-aber-Sager zum Aber-ja-Sager

Wie anders das klingt: *»Wort und Sprache«* im Vergleich zu *»Text und Texter«*; schon in der Vokalabfolge o und a, e und dann, dreimal: das e. Wohllautend, klangvoll-human das eine, gequetscht, blechern und gestanzt das andere. Sprache der Dichtung das eine, Verbaltechnik das andere.

Und angesehen ist der Dichter, unangesehen anonym, aber stets viel besser bezahlt ist der Texter. In den Klischeevorstellungen ist der eine frei und edel, der andere ein gekauftes Mietmaul. Aber wie viele Literaten schreiben auch Auftragstexte, werden von der Not im Nacken vor das weiße Blatt Papier gezwungen? Nicht aus Spaß haben sich MARK TWAIN, G. B. SHAW, WILLIAM FAULKNER und ERNEST HEMINGWAY als Werbetexter versucht – und sind kläglich gescheitert. Sprache ist beider Werkzeug: das der Dichter und das der Texter, und Kreativität brauchen beide. Aber die disziplinierte Kreativität des Werbers ist eine eng begrenzte, zweckgerichtete, verkaufsorientierte.

Die vagabundierende Kreativität der Künstler darf ebenso schön, phantasievoll und amüsant wie nutzlos sein. Sprache wird in der Werbung höchst absichtsvoll verwendet. *»It's not creativ, unless it sells«*, das forderte der Werbepapst BILL BERNBACH. Sprache wird demnach in der Werbung nur für eine Absicht eingesetzt: verscherbeln! Sie ist weitgehend auf die Überzeugungskraft des Wortes angewiesen.

Einen *»code morale«* für Werbetexter, wie er in einem Ausspruch BALTASAR GARCIANS (1640) zu finden ist, sollte man nicht fordern. Er schrieb: *»Übertreibungen sind der Lüge verwandt, sind Verschwendungen der Hochschätzung und Zeugen von der Beschränktheit unserer Kenntnisse und unseres Geschmacks.«* Wer den Code fordert – was ehrenwert ist –, wird dringender auf der Kanzel gebraucht. Werbung steht im Dienste marktpolitischer Kriegführung, nicht zufällig hat sie ein militantes Wortarsenal: Werbestrategie, Werbekampagne, Schlagwort, Flankenschutz, Einsatzplan.

Die Intelligenz des Sprechenden wird mit der Zielgruppe gleichgeschaltet. Wortsinn und Bedeutungssinn werden abgewogen, Worten mit hohem Währungsverfall wird ausgewichen, Rhythmus und Klang werden eingestimmt, das Stimmungsumfeld wird geprüft, denn auch das Verschwiegene ist beredt.

Gute Werbung wird nicht für Preise auf Werbefestivals, für Feuilletons oder Cocktailgespräche gemacht. Das beruht weniger auf Genialität. Oft wird sie so sorgfältig geplant wie der nächste Urlaub. Gute Werbung verwandelt Aufmerksamkeit in Sympathie, dann Sympathie in Vertrauen, Respekt in Bewunderung, Ansehen in Ausstrahlung. Sie macht aus einem Ja-aber-Sager einen Aber-ja-Sager!

In Werbung, Politik und Unternehmen grassieren aber allzu oft Formulierungen, die einem die Zehennägel hochstellen: *»Der bleibende Fortschritt«* (entweder er bleibt oder er schreitet fort), Hohldonnerei: *»Konzept der aktiven Individualität«*, Plattitüden: *»Die Summe der Qualitäten«*, falsches Pathos: *»Charakter der einsamen Sonderklasse«*. Man könnte Bände damit füllen und damit Brände in Gang setzen.

Allzu gern mystifizieren Hersteller echte oder vermeintliche Forschungs- und Entwicklungsergebnisse mit der Vorstellung, dass Wissenschaft nur unverständlich oder schwer verständlich Respekt verschafft. Die *»antikorrosive biferrale Verbundheizfläche«* will nichts anderes sagen, als dass Eisenguss und Stahl verwitterungsfrei verbunden wurden.

Wenn Fachleute Grundlagentexte für Werber anliefern sollen, quälen sie sich mit Bedeutsamkeiten, würgen an ihren Sätzen: »Die meteorologischen Umwelteinflüsse sind ein generelles Gesprächsthema.« »Meinst du: alle reden vom Wetter?« »Ja!« »Dann sag es doch!«

Amerikanismen aus dem Erfinderland der Werbung sind anregend, wenn man aus ihnen Kürze und Treffsicherheit lernen will: *»Ford cars cost less«*, vier Silben, die in der Übersetzung die doppelte Anzahl Silben verbrauchen: *»Ford Au/tos kos/ten we/ni/ger.« »Have a Coke«* oder das im Versmaß rhythmisierte *»Things go better with Coke«* (Damda-dadada-damm) sind nicht gleich gut übertragbar.

Ein Kriterium für den geistigen Zustand einer Gesellschaft sind nicht nur ihre Vorbilder (die Showmaster in den Flimmerkisten, die Dreschflegel auf den Tennisplätzen, die dröhnenden Plattenmultimillionäre in den Schlager-Hitparaden), sondern auch ihre Wort-Bilder. Da ist etwas *»in«* oder *»out«*, *»hot«* oder *»paletti«* und vieles *»erste Sahne«*. Erstaunlich ist bei manchen die Geschicklichkeit, mit der selbst noch an der Armutsgrenze des Wortschatzes mit Sprache umgangen wird.

Besonders aus der Werbung erfahren wir, was *boomt* oder ein *Flop* ist, was *gesponsert* oder *gestreamlined* werden muss. Man sollte einmal versuchen, das Recyclen zu konjugieren: ich recycle, du recyclest, er recyclet: Da sträuben sich die Sprechwerkzeuge und man muss schon aufpassen, dass man nicht den eigenen Adamsapfel verschluckt. Beim Einbringen fremdsprachiger Worte kommt es leicht zu linguistischen Umweltkatastrophen. »Es besteht eine signifikante positive Korrelation zwischen dem effektiven Lernzuwachs (LZ) und der Bearbeitungszeit« statt: »Wer länger lernt, lernt mehr.«

»Bild schlägt Text« ist der Kampfruf im Siegeszug der Neuen Medien. Manches Beschriebene in diesem Buch hätte als Abbildung einen leichteren und besseren Zugang zum Inhalt ermöglicht. Etwa die Abbildung einer Werbekampagne statt der Wiedergabe nur des Textes mit Beschreibung des Bildes. Genau wie in Gebrauchsanweisungen einfache Strichzeichnungen leichter, besser und zugleich vielsprachig eine Funktion erklären können als der begleitende Text.

Um aber dem Buchtitel »Worte« gerecht zu werden und aus Worten ein Lesebuch zu machen, ist hier bewusst auf die zeitgemäßere Bild-Darstellung verzichtet worden. Bebilderte, ungelesene Bücher füllen mehrheitlich die zur Bücherwandtapete degenerierte Bibliothek des mündigen, (ein)gebildeten Bürgers. Das Buch ist zwar als Geschenk oder Mitbringsel nach wie vor beliebt. Aber eine aufgeknallte Flasche Champagner fließt leichter die Kehle hinunter, als dass ein Buch die darüber liegenden Partien des Kopfes erreicht.

Eine Anzeigenkampagne aus den vorigen Sechzigerjahren (im verflossenen Jahrhundert des vergangenen Jahrtausends) für den amerikanischen Edelwodka »Wolfschmidt's« lässt sich auch mit Worten beschreiben, ohne sie abzubilden.

Erschienen sind die Anzeigen im Wochenabstand im anspruchsvollen Magazin *The New Yorker*. Auf weißem Grund – ohne jede atmosphärische Beigabe einer sich zuprostenden feinen Gesellschaft – unterhält sich die groß abgebildete Flasche mit einer Soda, in der zweiten Anzeige mit einer Tomate, in der dritten mit einer Orange.

Erste Woche (Soda):

Soda: »Psst. Wolfschmidt.«
»Was ist das? Eine redende Soda?«
»Lass uns zusammenkommen, Wolfschmidt.«
»Ich wette, das sagst du zu allen Wodkas.«
»Nur du, Wolfschmidt. Du hast Geschmack.«
Eine halbe Zitrone am Fuß der beiden sagt: *»Can you squeeze me in?«* Sie möchte, hineingequetscht, mit von der Partie sein.

Zweite Woche (Tomate):

»Du bist so eine Tomate. Wir könnten zusammen eine prima *Bloody Mary* mixen. Ich bin anders als die anderen Burschen.«
»Ich mag dich, Wolfschmidt. Du hast Geschmack.«

Dritte Woche (Orange):

»Du süße Puppe, du gefällst mir, ich habe Geschmack. Ich werde aus dir die richtige Orange herausbringen. Ich werde dich berühmt machen. Küss mich!«
»Wer war die Tomate, mit der ich dich letzte Woche gesehen habe?«

Diese Kampagne erzählt eine Alltagsweisheit aus der Beziehungskiste, kurz, verständlich, mit großer Produktabbildung und häufiger Namensnennung. Natürlich ist das kein Direktverkauf. Sie stellt aber einen einstimmenden Gefühlsbezug her und ein überprüfbares Versprechen: »Ich habe Geschmack, bin besser als die anderen.« Erzählt in einer alltagsbezogenen Erfahrung mit Schmunzeleffekt. Das weckt Sympathie, die Vorstufe für Vertrauen und Markenbindung.

»Human touch«, menschliches Berührtsein, ist eine Stärke in der amerikanischen Werbung. Der Wunsch danach ist so stark, dass man sich Vermenschlichung auch von Gegenständen gefallen lässt, direkt und ohne jede imponierende Einbettung in eine Party-Society.

»Sex sells.« Das stimmt auch nicht. Allenfalls bei körperbezogenen Produkten. Dazu gehört auch noch die Mode. Den Fortpflanzungstrieb anzusprechen ist noch kein Aha-Erlebnis. Er ist als angenehmes Bedürfnis bekannt. Allenfalls gibt der grübelnd auf dem Bleistift kauende Art Director einen eigenen Wunschbedarf damit frei. Unverfrorenheit macht allenfalls Mut zum »*Test it!*«, das überträgt sich aber nicht auf den Test eines Toaströsters oder eines Bügeleisens. Heute ist ein hocherfreut begeisterter BORIS BECKER dran mit »*Ich bin drin!*«

Indes beschleunigen sich die Kommunikationsmittel von der Zeitung und Zeitschrift über Radio und Fernsehen ins Internet und zum Digital-TV. Werbung und Einkauf geschehen vor dem Bildschirm, »*one-step-shopping-service*« steuert den zentralen Einkauf über ganz Europa. Wann soll man denn seinen neuen Hut zeigen und seinen Nachbartratsch im Supermarkt loswerden?

Der Werbetexter muss seinen Wortsinn schulen, seine Phantasie beleben. Statt knifflige Rechtschreibungen zu machen, mit Worten und Formulierungen, die noch nicht mal in unserem sonntäglichen Wortschatz vorkommen, wäre es besser, Wortspiele zu veranstalten:

zwischen Frankfurt entweder und Frankfurt Oder
zwischen Woodstock und Rostock
zwischen Sodom und Gomera
zwischen Gastwirtschaft und Mastwirtschaft
zwischen Hummer und Sichel
zwischen Thurn und Texas
zwischen Euro-payer und Europäer

Beim *Ring Deutscher Mäkler*, der nur auf Tagesbefehl gehorcht, lohnt es nicht, ein *Beverly Pils* zu trinken und »*Völker, höret das Banale*« zu singen. Das ist auch nicht schlimmer als der deutsche Schlager und sein verhaltensgestörtes Publikum. Man soll niemanden bei der gewissenhaften Vorbereitung eines neuen Irrtums stören. Das saage ich ganz gaaanz ruhig, in aller Demut und Unbescheidenheit. Man muss auch mal üben, welchen Unsinn man mit hundert Milliarden Hirnzellen alles anrichten kann. Für die Rechtschreibung gilt die Regel von KARL KRAUS: »*In zweifelhaften Fällen entscheide man sich für das Richtige.*«

»Da sind Sie geholfen«

Der Kaufhof bietet in einem »*X-tra-Blatt Megatiefstpreise im High-Tech-Markt*«. Was tief ist, kann noch tiefster sein. Und megatiefst ist nur noch von gigatiefst zu übertreffen. Das Besondere an Tiefstpreisen ist, dass sie alle auf 9 oder 99 enden. 999, dreistellig, ist eben weniger als 1000, vierstellig.

Ich lese: *Mini-Tower-PC »Eventure« Intel Pentium III Prozessor, 450 Mhz, 512 Cache, 64 MB-SDRAM, 8 GB-Festplatte, 16 MB Elsa Victory II AGP Grafikkarte, 40fach CD-Rom, Soundkarte onboard, inkl. Tastatur, Maus, Windows 98 und StarOffice 5.0.*

Ich verstehe: Nichts! Vielleicht entscheide ich mich doch für den *LCD Videorecorder*. Der Preis von DM 1499,– ist durchgestrichen. Jetzt sind es nur noch 999! Ein glattes Drittel ist weg. Ist der so überholt? Oder war er vorher schon nicht mehr wert? Oder ist das ein Super-Schnäppchen? Wie ist seine Halbwertzeit? Ein Verfalldatum sieht man ihm nicht an.

Ich lese: *Orion LCD-TV/Videorecorder »Combi 600 LCD« 15 cm LCD-Bildschirm, 80 Programmspeicher, On-Screen-Display, Videoteil mit 8fach Timer, AV-Ein-/Ausgang, Kopfhöreranschluss, inkl. Autoadapter, Teleskopantenne, Netzadapter und Akkubatterie, 3fach Stromversorgung: 12 Volt/Akku/230 Volt.*

Ich verstehe: Nichts! Ich trete brav zurück in Reih und Glied unserer Kaufnkaufn-Gesellschaft. Und dann kommt: *dabbelju, dabbelju dabbelju dot*, das steht auch noch fesch schräg gestellt: »Klick mich!« – Du mich auch!

Die Demütigungen meines Verstandes durch Multimedia sind kein Einzelfall, sondern fast die tägliche Beilage und Beigabe in meiner Tageszeitung:

> *Fujitsu P III 600 Mini-Tower, Intel Pentium III 600 MHz-Prozessor. 128 MB SDRAM, 512 KB-Cache, 20 GB HDD, 40fach CD-Rom, 3,5" FDD, 32 MB RIVA-TNT 2 M 64 Grafikkarte, 16 Bit-Soundkarte, Software: MS Win98, MS Wort 2000, MS Works 4.5 inkl. Calendar, MS Win98 Start!, MS Publisher 98, MS Encarta Weltatlas, MS Internet Explorer 4.0, IBM ViaVoiceOffice 98, Thunderbyte Antiviren, T-Online Sonderedition.*

Gesetzt den Fall, ich weiß das alles und kann es beurteilen und blättere schlappe zweitausendneunhundertneunundneunzig *Märker* dafür hin. Dann weiß ich immer noch nicht, ob nach Einspielung der Entwicklungskosten der Preis auf ein Drittel zusammenschnurrt, und es ist anzunehmen, dass diese ganze Versammlung von intelligenten Fähigkeiten in ein bis zwei Jahren komplett überholt ist.

Oder sollte ich – auf einer anderen Seite – mit einem Zubehör *»Guillemot-Force-Feedback Lenkrad inkl. Pedale Race Leader«* 199 DM weiterkommen? Die einstmals sicher scharf kalkulierten Preise sind beispielsweise beim *Sigma Infrarot Dual Fireglieder Joypad »IR5 ip-2«* von 99,95 DM auf 49,95 DM geschrumpft. Möglicherweise ist schon die übernächste Generation auf dem Markt. Aber das sagt mir keiner. Die dünnwandige Unlogik der Fachsprachen, die mit jeder Erneuerung der Produkte einen Schwall neuer Begriffe auskippt, lässt keine Vertrauensbildung mehr zu.

»What you see is what you get.« Dass man das, was man sieht, auch bekommt, ist auf dem Gemüsemarkt kein Problem, in den digitalen Medien kann das ein fragwürdiges Versprechen sein. Was der Tintenstrahl- oder Laserdrucker, der Kopierer ausbringt, kann schon auf dem Bildschirm nicht erste Sahne gewesen sein oder sich mit Reproduktionsverlust abbilden. *»To get«* heißt nicht nur *bekommen*, sondern auch *verstehen*. (*»You got it?«* – *»Hast du das kapiert?«*) Damit hapert es immer öfter.

Die Anglizismen haben gegenwärtig einen *drive*, ein besonderes *standing* in der Jugendsprache: Sie *tilten* einen *Soundtrack*, verteilen *flyer* für ein *event* in ihrer *location*. Der *DJ* ist auf dem *Set* und bringt *Brit-Pop* in die *Charts*.

Zum rechten Augenmaß hat es uns Deutschen häufig gefehlt. Ohne Fisimatenten wurde das geteilte Vaterland zur größeren Hälfte Musterschüler Klasse West, zur anderen Musterschüler Klasse Ost, neue Hymne und Fahne einschließlich. Auch der Gebrauch der Worte und Begriffe hat sich stark auseinander entwickelt.

In der Nazizeit trieb der Eindeutschungsfimmel von Fremdwörtern seltsame Blüten. In der Schule wurden ironische Umwandlungen in Verkehr gebracht. Für den Motor wurde *»Treibling«* angeboten, ein Vierzylindermotor war ein *Viertopfzerknalltreibling*: Vier-Topf-Zerknall-Treibling. Da kann man nur sagen *didug*! (Das ist doch unheimlich gut.)

Wenn ich einen Elektriker bitte, eine schadhafte Steckdose *nachzusehen*, darf ich ihn nicht um *Nachsicht* bitten, sonst habe ich womöglich das *Nachsehen*. Wenn ich *versetzt* worden bin, hat mir das in der Schulzeit Freude und Erleichterung bereitet. Beim *Rendezvous* hat es eher Sorgen und Zweifel hervorgerufen. Der Beamte fragt: »Wo sind Sie wohnhaft?« »In Wohnhaft bin ich bei meinen Eltern. Ich wäre längst gerne *ausgezogen*. Aber nicht durch Entledigung meiner Kleider.«

Ein Dialog: »Blondchen, weshalb hast du eine Matratze auf deinem Autodach?« »Ich fahr zu einem Vorstellungsgespräch, und der Chef hat gesagt, ich soll alle Unterlagen mitbringen.«

»Heidrun *ist* in der Stadt.« »Ich *esse* zu Hause.«

Sicher hat das Internet nicht das Instrumentarium zur Verbesserung der Welt und des Lebenssinns. Wenn eine Spezies der Generation »ICH!«, *die Hacker*, nach anfänglicher Sektenbildung heute als zersplittert, eitel, geldgierig und machtbesessen verschrien ist, wenn es nur noch Auge um Auge geht, bleiben Blinde übrig. Im Gymnasiastenalter verfügen sie über weltweit wirksame Raubkopiemailboxen (30 ISDN-, 42 Analogleitungen). Ihre vereinsamte psychopathische Besessenheit hat ihren Wortschatz heruntergeladen und sich spezialisiert. Hinter folienverdunkelten Scheiben sitzen die Zugriffs-Robin-Hoods mit einem *Allmachtsfeeling.* Des kontinuierlichen Lesens sind sie unkundig, Comic-Blätter oder Codezeilen sind das längste, was sie lesen. »*In the wild*«, in freier Wildbahn ist das Fingerjucken einziges Kommunikationsmittel. Zwischen Knast und Hackerdienstleistungen bleiben sie stumm: »Angst essen Sprache auf.«

THOMAS MANN beschreibt im *»Zauberberg«* ein Grammophon, zur Unterhaltung der Patienten im Sanatorium angeschafft und aufgestellt. Wir lesen eine Produktbeschreibung, die jedem Texter, möglichst auswendig gelernt, hohen Gewinn bringen müsste:

> »Der mattschwarz gebeizte Schrein, der hier, ein wenig tiefer als breit, angeschlossen mit seidenem Kabel an einen elektrischen Steckkontakt der Wand, in schlichter Distinktion auf einem Fachtischchen stand, zeigte mit jener rohen und vorsintflutlichen Maschinerie [ein Trichter-Grammophon früherer Bauart, d. A.] überhaupt keine Ähnlichkeit mehr. Man öffnete den anmutig sich verjüngenden Deckel, dessen innere, vom

Grunde gehobene Messingstütze ihn in schräg schirmender Lage automatisch feststellte, und man gewahrte in flacher Vertiefung die mit grünem Tuch ausgeschlagene Drehscheibe mit Nickelrand und dem gleichfalls vernickelten Mittelzapfen, über den das Loch der Hartgummiplatte zu führen war. Man bemerkte ferner, rechts seitwärts im Vordergrunde, eine uhrähnlich bezifferte Vorrichtung zur Regelung des Tempos, zur Linken den Hebel, mit dem das Drehwerk in Lauf zu setzen oder zu stoppen war; links hinten aber den gewunden keulenförmigen, in weichen Gelenken beweglichen Hohlarm aus Nickel, mit der flachrunden Schalldose an seinem Ende, deren Schraubwerk die ziehende Nadel zu tragen bestimmt war. Man öffnete auch die Flügel der vorderen Doppeltür und erblickte dahinter ein jalousieartiges Gefüge schräg stehender Leisten aus schwarz gebeiztem Holze – nichts weiter.«

Wenn in der Wortwahl und im Aneinanderfügen der Worte Treffsicherheit liegt, sind auch lange Sätze kunstvoll und verständlich zugleich.

Ein weiteres Beispiel betrifft eine Garantiekarte, die einer »*Original Glashütter Lange Uhr*« in einem mit blauem Samt ausgeschlagenen lederüberzogenen Etui 1911 beigegeben wurde:

»Hiermit bestätigen wir, dass das Ankeruhrwerk in unserem Hause, von vorzüglichem Material mit unserem verbesserten, gesetzlich geschützten Gold-Rubin-Ankergang, Rubin-Zapfenlöchern, harter isochronischer Spiralfeder und einer kompensierenden Chronometer-Unruhe versehen, gefertigt wurde und in verschiedenen Temperaturen und Lagen genauestens reguliert ist. Wir bürgen für diese Lange-Uhr als einen durchaus zuverlässigen Zeitmesser.«

Die mit drei Dutzend Medaillen von Weltausstellungen und mit Orden geschmückte Garantiekarte eines Weltmeisters der Uhrmacherkunst verbürgt *einen durchaus zuverlässigen Zeitmesser*. – Selbstbewusstsein kann es sich leisten, bescheiden zu sein.

(Frederic) Henry Royce, Mitbegründer der Rolls-Royce Autowerke, unterschrieb bis ans Ende seiner Tage seine Briefe mit »*Henry Royce, Mechaniker*«. Heute wird mit Titeln und Positionen aufmotzend übertrieben. Da es stets nur einen »*Präsidenten*« in einem Unternehmen geben kann, werden schon mal ein halbes Dutzend *Vizepräsidenten* ernannt, um zu vermitteln, dass man schon ganz nah am Boss der Bosse dran war. Und dann wird mit dröhnender Bescheidenheit gelogen: »Ach, vergessen Sie mich doch einfach.« »Lassen Sie doch den Titel weg.« »Ich lege auf solche Äußerlichkeiten gar keinen Wert.«

Mancher Wirtschaftskapitän kann sich nach den Phasen der 14-Stunden-Tag-Maloche den Wunsch erfüllen, als rüstiger Pensionär mit der Mistgabel in der Hand vor der Kuhstalltür in oberbayerischer Postkartenlandschaft abgelichtet zu werden. Mancher hat auch – nach unablässigem Tatendrang satt abgefunden – mehr angerichtet, als er ausrichten konnte.

In der Hochgeschwindigkeits- und *Hip-Hop*gesellschaft ist der gute Umgang mit Schrift und Sprache auf Entschleunigung angewiesen. Unser Kopf macht das Tempo nicht mit. Es geht nicht nach der Regel »wer später bremst, fährt länger schnell«. Als ob das schon ein Sinn und Wert an sich ist. Wer länger schnell fährt, landet manchmal – mit Schmackes – auch schneller an der Wand. »*Gott schuf die Zeit. Von Eile hat er nichts gesagt.*«

Zukunft kommt auf uns zu

Die Suche oder Sucht nach Selbst- und Fremdbestätigung ist im alltäglichen Schwachsinn motivierend. Im Künstlerischen – ganz gleich welcher Art der Ausübung – ist sie deklassierend.

Verräterisch gefährlich sind die Killerphrasen in den Unternehmen: »Ham wir schon immer so gemacht und sind dabei gut gefahren, also bleibt es.« »Viel zu teuer.« »Als Fachmann kann ich Ihnen sagen: Geht nicht!« »Woll'n Sie das verantworten?« »Darüber sind wir uns doch hoffentlich einig: Finger weg!« »Da ham sich schon andere 'ne blutige Nase geholt.« »So naiv war ich früher auch mal.«

In gleicher Weise entmutigend ist das müde Resignationsgekläffe: »Kannst nix machen«, »wirst schon sehen«, »das is **korregd,** wie's is, hej«, »was willst denn machen?«, »Schluss mit lustig«, »da läuft nix mehr«, »sag ich nur mal so«, »war nix, geb ich ja zu«, »das ist nun mal so«, »das geht seinen Gang«, »reguliert sich von selbst«, »ergibt sich so«, »ist schlichtweg paletti«, »Ende der Durchsage«.

Dem redegewandten und auskunftsbereiten Fachverkäufer kann ich nicht trauen, weil ich nicht weiß, welche Prämie er bekommt für das, was er mir da gerade andreht. Ich bin **out**. Outer geht nicht. Soll ich mich auf den Gemütsmenschen reduzieren, mit Sehnsucht nach der Dorflinde und dem Brunnen vor dem Tore, mit dem »Erwachen heiterer Gefühle bei der Ankunft auf dem Lande«? Jede pflegeleichtere Weltanschauung wäre ein Reinfall der Vernunft.

Zukunft kommt auf uns zu. Aber sie erreicht uns nicht. Ihr entgegenzusehen ist entweder Ungeduld oder die Illusion, sie schneller zu erreichen. Der Wunsch, Zukunft zu erfahren und hinter sich zu bringen, kann aber auch Angst sein. So viel wie nötig, so wenig wie möglich.

Der Sprecher des Vorstandes der Quelle Versicherungen schreibt mir ein »Direkt-Mailing«, einen ganz persönlich gemeinten Brief. Es geht um die »Trauerfall-Vorsorge für eine würdevolle Bestattung und Begräbnisfeier«. Es geht um mich. Ich soll eine »weitsichtige Entscheidung fällen. Am besten noch heute.« Nach Überschreiten der mittleren Lebenserwartung scheint mir die Weitsicht dabei überschaubar. Und das günstigste Angebot auch.

Ich soll diesen in einem angenehm altersangemessenen großen Schriftgrad gehaltenen Brief »ruhig meiner Familie zeigen und mir helfen lassen. Wenn ich möchte.« (Und weil ich – in professoraler Zerstreutheit – schon mal mit dem Vogelkäfig zum Milchholen gehe.) Ich kann auch noch einen von drei »wunderschönen Knotenbäumchen« gewinnen: »mit etwas Glück«. Hoffentlich ist es kein Bonsai-Bäumchen, das möglicherweise Kinder und Enkel erblich belastet und an meinem Lebensabend keinen Rucker mehr macht.

Irgendjemand muss der Quelle Versicherung mein Alter verraten haben. Die Beitragszahlung endet im 86. Lebensjahr. Danach habe ich beitragsfreien Versicherungsschutz in voller Höhe – *jetzt kommt's: Lebenslang!* Ich hoffe doch, dass die rasanten Fortschritte in der ärztlichen Kunst auf ein weit ins Dreistellige hineinreichendes Lebensalter bis dahin vorangekommen sind! Yahoo!

Eigentlich ist die Fragerei, was wohl eher da war: der Zufall, die erarbeitete Idee oder der kongeniale Funke so witzlos wie die Frage, was zuerst da war: das Spiegelei, das Rührei oder das gekochte. Die Henne setzen wir mal voraus. Auf die Arche Noah sind Hühner mitgenommen worden. Von Eiern ist meines Wissens keine Rede.

Ein Beamter im US-Geheimdienst hat eine verdienstvolle Reihe sorgfältig recherchierter Schlüsselworte zusammengestellt: eine multifunktionale Wortklingelanleitung. Man springt fröhlich beliebig von links nach rechts über die Spalten und erwirbt den Ruf einer zitierfähigen Autorität.

Spalte 1	Spalte 2	Spalte 3
0. konzertierte	0. Führungs-	0. -struktur
1. integrierte	1. Organisations-	1. -flexibilität
2. permanente	2. Identifikations-	2. -ebene
3. systematisierte	3. Drittgenerations-	3. -tendenz
4. progressive	4. Koalitions-	4. -programmierung
5. funktionelle	5. Fluktuations-	5. -konzeption
6. orientierte	6. Übergangs-	6. -phase
7. synchrone	7. Wachstums-	7. -potenz
8. qualifizierte	8. Aktions-	8. -problematik
9. ambivalente	9. Interpretations-	9. -kontingenz

Beispiel: 7.2.5 Eine synchrone Identifikationskonzeption
1.8.1 Eine integrierte Aktionsflexibilität
2.5.8 Eine permanente Fluktuationsproblematik
3.3.6 Eine systematisierte Drittgenerationsphase
5.4.9 Eine funktionelle Koalitionskontingenz

Es gibt noch eine zweite Liste, und jede lässt sich mit berufsspezifischen, fachsprachlichen Begriffen anreichern:

synthetische	Prozess-	Kommunikation
systematische	Beziehungs-	Analyse
strukturelle	System-	Transformation
integrative	Bewusstseins-	Optimierung
ganzheitliche	Institutions-	Ausdifferenzierung
sensorische	Führungs-	Evaluation
qualitative	Organisations-	Evolution
explorative	Wahrnehmungs-	Umschichtung
informelle	Phasen-	Anpassung

Man wird doch noch mal fragen dürfen!

Viele Irrtümer entstehen auch durch unbewusstes oder gewolltes Missverstehen, durch Unkenntnis.

»Sie hat einen Schwarzen geheiratet.« »Es gibt auch nette Leute bei der CSU.«

»Molly achtet nur auf ihre Linie, wenn sie an der Bushaltestelle steht.«

»Der Einzige, der nach ihr pfeift, ist der Wasserkessel.«

»Mein Mann hat Prokura.« »Ist das ansteckend?«

»Jetzt singe ich ›Am Brunnen vor dem Tore‹!« »Sehr vernünftig. Hier drinnen hört ja doch keiner zu.«

»Wie viel größere Inseln gibt es an der deutschen Nordseeküste und wie heißen sie?« »Sieben. Und ich heiße Weidemann.« Den sprachlichen Irrtum kann man schriftlich durch das großgeschriebene »Sie« besser ausschließen: »Wie viel größere Inseln gibt es an der deutschen Nordseeküste? – Und wie heißen Sie?«

Missverständnisse geben oft Anlass, darüber zu lachen:

»Ihr Schirm ist auf dem Fundbüro.« »Wieso? Da war ich doch gar nicht.«

Hast du heute morgen in der Zeitung gelesen, dass ich gestorben bin?« *»Ja. Von wo rufst du an?«*

»Dat is ein Freund von mich.« *»Von mir!«* »Wieso von Sie?« *»Von Ihnen!«* »Also doch von mich.«

»Was sind Sie?« »Frisör.« »Herren oder Damen?« »Bitte?« *»Ich meine, was frisieren Sie?«* »**Bilanzen!**«

Sprachliches Vornehmgetue:

> »Jean, bringen Sie das Compó.«
> »Wünschen der Herr Compó Apfelmü oder Compó Ananà?«
> t und s scheinen ordinäre Schlussbuchstaben zu sein.

Der Sport hat kein Wort

Die Wortarmut der Sportler wetteifert mit den einfallslosen Fragen ihrer Interviewer. Warum müssen auch die, deren ganzer Verstand in den Fußspitzen, in den Beinen, Armen, Lungen sitzt, die Bildschirme fragend und antwortend bevölkern?

Im Sport haben Hand und Fuß, Arm und Bein, Herz und Lunge, Muskel und Sehne (das Sagen kann man nicht sagen) die Aufgabe, sich visuell mitzuteilen. Die Räuspergeräusche der Kommentatoren und die Sätze dazwischen sind der Versuch, die Qualitäten und Umstände der Ereignisse und Ergebnisse zu erklären und zu benoten.

Es gibt ernst zu nehmende Menschen, die nichts langweiliger finden als das stupide Auf und Ab der gewöhnlich zwischen null und drei liegenden wöchentlichen Fußballergebnisse.

Verschwitzt und schwer atmend wird den Fußballstars unmittelbar nach dem Abpfiff das Mikro unter die Nase gehalten. Und »es lief grad nich so« ist dann noch eine der verständlichsten Aussagen. Besser beherrschen sie die Körpersprache im Zweikampf mit dem Gegner und – kaum beherrscht – gegenüber dem Schiedsrichter. Nach dem Spiel schreiten dann die jeweiligen Fangemeinden zum Knüppel und zur Tat und die Hüter der Ordnung dazwischen.

So fintenreich sich die Feldarbeiter des Fußballsports nach dem Regelwerk bemühen – links und rechts und durch die Mitte –, anderthalb Stunden hindurch zu ballern, auf überschaubaren siebzig mal hundert Metern, so rat- und wortlos kämpfen sie sich durch die immer gleichen Fragen nach frischer Tat. Das kann einem schon die Sehfreude nehmen an dem immer wieder eingespielten wunderbaren Fallrückzieher, an der Steilvorlage zum knallharten Kopfball ins Tor. Es gibt aber auch halbstündige Flauten im hin und her dribbelnden Spiel, in denen der aktive Mannschaftsgeist noch willig ist, aber das passive Sitzfleisch langsam schwach wird.

Es ist mir völlig egal, wie gut oder schlecht unsere Fußballmannschaft war, ist, bleibt oder wird und ob eine ganze Nation sich über Trainerwechsel und Mannschaftsaufstellung der Fußwerker ereifert, solange wir uns etwa auf dem Gebiet der Hochbegabtenförderung auf einem Entwicklungslandniveau bewegen. Die auf dem Platz herumrennenden Ballsucher und gelegentlich auch -treter sind Multimillionäre, während Hochbegabte aus Unkenntnis und Ahnungslosigkeit auf Sonderschulen landen, die eigentlich *Sonderschulen im besten und positiven Sinne des Wortes* sein sollten.

Von der Trainerweisheit des Sepp Herberger: »*Der Ball ist rund!*« bis zum Teamchef »Tante Käthe« (Rudi Völler): »*Entscheidend ist auf dem Platz*« sind die hirnfreundlich verständlichen Kurzsätze immer noch besser als das Festdribbeln in Schachtelsätzen mit Ballverlust und die konjunktiven Fallrückzieher bei den Randkommentatoren. Bei den Non-Stop-Kettensägen-Mundwerkern mit garantierter »*Nichtsdrauswerdung*« muss man bei »*zu allem fähig*« allerdings immer nur das Schlimmste befürchten.

Es ist auch erstaunlich, dass eine Milliarde Menschen mit ansehen, wie zwei Dutzend Rennautos fünfzig Runden Kurven fahren und die Fahrzeiten pro Runde nach Tausendstelsekunden gemessen werden, um Unterschiede festzustellen. Der Rest sind Fehler und Zufälligkeiten, die das Ergebnis bestimmen.

Muss denn der flotte Hochgeschwindigkeits-Kurvenfahrer und Steuerflüchtling, der einen zweistelligen Millionenbetrag Jahr für Jahr einheimst, nun auch noch seine Unterhose besticken lassen, falls er mal beim Pinkeln erwischt wird? Wer mit den meisten Werbe-Flecken übersät ist, ist auch der Bedeutendste.

Das Denken sollte dem Sprechen immer voraus sein. Bei wem das umgekehrt läuft, der leidet unter Sprechdurchfall.

Wer zum ersten Mal mit einem einfarbig grundlackierten Fahrzeug im schneeweißen Overall ein Rennen bestreitet, hätte das, wonach die Werbung stets fleißig sucht: ein Alleinstellungsmerkmal. Ich weiß bis heute nicht, was »*Parmalat*« ist, obwohl Niki Lauda mir das seit Jahrzehnten stirnseitig entgegenstreckt. Kinder, die gerade lesen gelernt haben, meinen, der Niki, der heißt so. Je bekleisterter, desto prominenter. Jede Kriegsbemalung eines »*Buschnegers*« ist dagegen ein Kunstwerk, jede Festbemalung eines Nubatänzers eine Offenbarung von Kultur und Würde und Schönheit.

Im Sport trifft man die Botschafter und Botschaften des nachalphabetischen Zeitalters, Bilder, Zeichen, Symbole, Signale, Gesten und Körpersprache. Für die Memoiren gibt es *Geistschreiber* (*ghost writer*). Notfalls genügt dem schon das geplapperte Kauderwelsch des sich Erinnernden.

Aber auch abseits der Kampfstätten hört man Sätze von erhellender Schlichtheit: »Sechster wollte ich halt nicht werden, da bin ich halt gerannt.« Der Formel-1-Pilot verspricht: »Wir werden so schnell wie möglich fahren.« Und ein Skisprungweltmeister verrät am Ende seiner Karriere sein Erfolgsgeheimnis: »Man muss versuchen, so weit wie möglich zu springen.« »Wenn es einmal hart auf hart kommt, kommt es meistens ganz hart«, das hört man von einem Fußballmillionär. So hart ist sein Job. So weich ist seine Birne.

Hundertstelsekunden sind dem Auge zu kurz, um sich dem Verstand mitzuteilen. Was sie gesehen, besser: nicht gesehen haben, müssen die Zeitlupe und der Reporter erklären. Diese Hundertstel entscheiden zwischen Sieger und Nobody.

Das für den Zuschauer nackenmuskeltrainierende Hinundhergeballere gelegentlicher Dreschflegel auf dem Tennisplatz erzeugt auch Langeweile. Mit Aufschlägen jenseits der Hundert-ka-em-ha-Grenze und diesseits unserer Wahrnehmungsfähigkeit. Die Zählweise 15/30/40/60 muss ich mir immer wieder neu erklären lassen. Im Moment weiß ich sie gerade wieder nicht.

Tennisspieler sind zwar physisch bereit, um jeden Satz zu kämpfen, im Umgang mit der Sprache haben die Sätze allerdings einen ungewissen Ausgang. Zugegeben: Hochleistungssportler durchstehen Dauertraining mit härtester Konsequenz. Für anderes ist keine Zeit. Aber müssen sie sich die Wirbelsäule im Kindesalter zu Gummibändern umwidmen oder auf drei Zentner hochmästen lassen, um in ihrer Sparte an die Spitze zu kommen?

Ist Dabeisein wirklich noch alles? Das ist schwer verständlich für die *Adabeis*, die immer nur aus dem Pulk des Mittelfeldes der Radrenner und Marathonläufer die Besseren vor sich hertreiben. Sie sind von der Hartnäckigkeit einer Arbeiterklasse, die um die Weltmeisterschaft im Stundenlohn in der kürzesten Arbeitszeit, dem höchsten Krankenstand und der umfassendsten Sozialversorgung zäh und verbohrt in letzter Konsequenz selbst für die Abschaffung ihres Arbeitsplatzes antreten.

Auch ruhmbedeckte Pianisten jenseits der mittleren Lebenserwartung müssen sich durch tägliches mehrstündiges Üben konzentriert fingerfertig und konzertreif halten. Diesbezüglich gehören auch sie zu den Bedauernswerten des Leistungssports.

Es lässt sich durchaus gut und oft auch sinnvoller etwas abseits von den Qualen leben, die zu einem Platz auf dem Siegertreppchen führen. Es ist teils rührend, teils peinlich, wie ehemalige Treppchensieger erwarten, dass sie dafür ein Leben lang geehrt und bewundert werden. Der bereits nach kurzer Zeit vergessene Formel-1-Weltmeister DAMON HILL wusste: »Wenn du Zweiter bist, interessiert das nur noch deine Frau und deinen Hund.«

Verschwitzt und wortlos verstehen die fußbegabten Balltreter nicht, dass sie »den Ball nicht aufbauen konnten«, wie der Reporter moniert. Unentschieden ist kein Ergebnis, und die Meinungen darüber sind auch unentschieden. Dann geht's zurück in die Funkhäuser, »zum Verkehr«.

Die Frauen der Fußballer werden immer blonder und immer geschäftstüchtiger. Die Trainer werden immer lauter, immer auswechselbarer und immer höher abgefunden. Da das mit dem Fußballern nicht ein Berufsleben lang geht, muss jetzt die Knete her und für den Rest satt reichen. Fürs Vaterland? Ubi bene, ibi patria? Wo meine Beene jebraucht werden, da ist mein Vaterland.

Was es da so zu hören gibt: »Is dumm gelaufen.« »Unsere Flanke war offen.« »Wir brauchen den Punkt.« »Ich sag da mal nix.« »Das war klar ein Foul, war das klar.« »Sagen wir mal Pech, sag ich jetzt so.« »Nich? Oder? Also!«

So wie die Theater-Kultur in Richtung Varieté verkommt – von der Oper zum Musical –, so entartet der Sport zum Starrummel mit Millionengagen, Trainerkarussell, Talkshowentgleisungen, Partyhopping und Steuerflucht. Die zurückhaltend konsequente Mehrheit der Leistungselite ist keine Balkenüberschrift, keine Fernsehshow wert. *»So ist das nun mal.«* Immer so gewesen? Und unabänderlich? Wenn nur noch das aus der Steckdose bezogene oder im Netz eingefangene Entertainment und Gekicher übrig bleibt, **folgt auf die Zerstreuung die Verkrümelung, auf die Verlustigung die Verkümmerung.**

Der Sport ist dort noch gut, wo er namenlos ist. Unsere Zeitungen könnten dünner, unsere elektronischen Medien leiser sein. Die bis zur Zerreißprobe und Selbstzerfetzung betriebene Medaillensucht und die bis zur Selbstlähmung und Bequemlichkeitsermattung verkommene Lustlosigkeit der Medienglotzer sind die beiden Seiten einer wertlosen Medaille.

Die Vermarktung sportlicher Ereignisstätten, die auch vor dem Sportdress der Ausübenden längst keinen Halt mehr macht, sollte man ehrlicherweise nicht als clevere Geldvermehrung bezeichnen. Eher ist das als Preisgabe, als Prostitution der *»Unantastbarkeit der Persönlichkeit«* anzusehen. Da sollte man doch am besten die bunt beworbene Schirmmütze bei der Nationalhymne aufbehalten dürfen. Da ist kein Fleck mehr auf dem Rennanzug frei, und der Fahrer hat gefälligst die Arme vor dem Leib zu verschränken, damit man den dort aufgenähten Produktnamen noch sieht. Der Skiläufer hat die Skiunterseite mit dem Markennamen in die Kamera zu halten, und wenn das noch so verkrampft aussieht.

SCHOPENHAUER war der Meinung, dass die Menschen dumm sind, weil sie immer nur das Neueste lesen und nicht das Beste. Das Beste vom Neuesten zu unterscheiden und zu werten kann man, sogar mit hohem persönlichem Gewinn, erlernen und üben und erleben. In der Konsumwelt der Nichtleser ist es viel schwerer, bei hunderten dem gleichen Zweck dienenden Produkten das Beste vom Neuesten zu unterscheiden. Erleben kann man auch was, nämlich Pleiten dessen, was man gedacht, bestens gemacht zu haben.

Das *»Volk der Dichter und Denker«* leidet nicht, denn es vermisst seine Dichter und Denker nicht. Eine Kaufmannsrepublik züchtet Krämerseelen.

Dies ist ein Buch. *Eines unter sechzig Millionen Titeln* (wie geschätzt wird) seit Gutenberg. Und noch in der Form, wie JOHANNES GUTENBERG dieses Produkt vor fünfhundert Jahren industrialisiert hat: technisch herstellbar in wenigen und in bis zu mehreren Millionen Exemplaren. Darunter viele Millionen ungelesen. Ungeküsste Dornröschen.

Dies ist ein Buch, das in einem großen gegenwärtigen Umbruch aus seiner mühselig zu erstellenden Materialität befreit wird. Befreit soll es werden von Papier und Druckfarbe, Schriftsatz, Druck und Buchbinderei. Eines Autors Geisteswerk wird dann schwerelos, als lichtgeschwindes Signal digital vermittelt. Der Geist ist geisterhaft und körperlos zu vernehmen. Das zu verstehen und damit umzugehen, muss – immer schneller und immer wieder neu – erlernt werden.

Am Wurzelbett der Menschheit befinden sich ein schwaches Bewusstsein, eine geringe Denkkraft, begrenzte Verstandesgaben und schwer aufeinander abzustimmende fünf Sinne in Schwierigkeiten. Mit hunderten von Sprachen und Dialekten, Schriften und Zeichensystemen ist die gegenwärtige Welt kein globales Dorf. Dort kannte und verstand noch jeder jeden.

Die Schrift hat sich in den Computer verkrochen, ist dort überall und jederzeit verfügbar. Vom Speicherplatz auf der Festplatte ist auch sie schnell und leicht zu verteilen. Der Eingang ist überall, aber der vagabundierende Text kann auch nicht auffindbar oder kann raubkopierbar sein. Um den Rundhorizont seiner Bildung zu erweitern, genügt es dem Menschen, das Buch alter materieller Herkunft im Bett, in der Bahn oder in der Badewanne zu lesen.

Sprache wird weiterhin blühen, tragen, verfallen und wieder erblühen. Das durch die jüngste Reform geschärfte Bewusstsein für das rechte Schreiben wird uns wieder auf den Sinn und Wert der Wörter zurückbringen und hoffentlich erhalten bleiben. Das ist wichtiger als die Schreib*weise*. Von den Sprachgelehrten und Bewusstseinsträgern in der Gesellschaft sollte die Entwicklung behutsam weitergetrieben werden auf den jeweils gegenwärtigen sprachlichen Entwicklungsstand. Dann brauchen wir keine Reformen mehr. Die Reform soll »*das Schreibenlernen leichter machen*«, meint der Präsident der Kultusministerkonferenz. Er meint wohl das *Richtig*schreiben. Das Schreibenlernen ist die Schatzsuche nach dem treffenden Wort, dem fassbaren Satz, der bildstarken Sprache. Wer sich im Schreibenlernen übt, wird leichter den Weg zum Richtigschreiben und Besserdenken finden. Das eine stößt an Grenzen, das andere erweitert Horizonte.

Den neuesten Wellenschlag hat die *Frankfurter Allgemeine Zeitung* verursacht. *Sie ist zwar aus Frankfurt, aber nie all-gemein gewesen.* Sie pflegt das Besondere. Die neue Rechtschreibung ist aus diesem Kluge-Kopf-Blatt wieder verbannt. Nach den Irrungen und Wirrungen der *Neu*reform ist sie wieder zu den Irrungen und Wirrungen der *Vor*reform zurückgekehrt: Daran waren wir gewöhnt, aber besser war sie nicht. Was in den Schulen gelehrt wird, muss der Maßstab sein und – dort ist der Zeitungsleser von morgen. Die Alten sollten dort mitmachen, wenn sie dabei sein wollen. Eine Umfrage ergab, dass etwa zwei Drittel der Bevölkerung gern wieder die alte Rechtschreibung zurückhaben möchten. Wenn man weiß, dass in unseren Breitengraden nur fünf Prozent der Menschen innovationsfreudig sind, dann ist das noch ein gutes Ergebnis. Wird es ein Fortschritt sein, wenn demnächst alles über Befragung per Mausklick entschieden wird? Oder wandert man besser aus, dorthin wo der Fortschritt noch nicht so erbarmungslos zugeschlagen hat?

Sprache und Schrift sind über die Jahrtausende von Generation zu Generation weitergegeben worden und haben sich in der Entwicklungsgeschichte mit dem Menschen verändert. Es gibt keinen Erfinder. *Mit dem Recht auf freie Meinungsäußerung ist das Recht auf Dummheit nicht abgeschafft.* Über das Rechtschreiben ein Parlament abstimmen zu lassen ist fragwürdig. Eine Befragung der Bevölkerung ist fatal. Wie soll man rückgängig machen, was gerade auf dem Wege ist, gängig zu werden. Der Heckmeck der Rückfalltäter, der von der FAZ angezettelt wurde, weitet sich schon wieder zur nationalen Katastrophe aus.

MAX HORKHEIMER sah Freiheit und Gleichheit wie in kommunizierenden Röhren. *Je mehr Gleichheit, desto weniger Freiheit. Wer nach Sicherheit ruft, büßt Freiheit ein. Je größer die Freiheit, desto geringer die Gleichheit.* Beide sind wichtig. Wenn ich zu entscheiden habe, ist Freiheit der höhere Wert. Im Vergleich mit Unfreiheit sogar der höchste überhaupt. Gleichheit in Bezug auf soziale Gerechtigkeit ist in einer Demokratie aber unverzichtbar. Dabei ist die Selbstverantwortung für das eigene Schicksal genauso unverzichtbar in der Freiheit.

Die Dichter sollen sich der »nachschöpferischen Unbefangenheit« erfreuen (Botho Strauss). Sie geben uns – und haben genug hinterlassen – Sprachbewusstsein und Wortschätze bis zum Unerschöpflichen. Und das lesende Volk sollte ihnen ermöglichen, wenigstens das Auskommen eines Thomas Mann zu erreichen: »*War die ganze Woche so elend, dass ich nur Champagner und Kaviar zu mir nehmen konnte.*« Das kann sich auch ein Oberligaspieler in einem Rasensportverein leisten.

Den Jungen soll fürs rechte Schreiben der Computer sagen, wo's langgeht. Ob ein Alptraum oder ein Albtraum das Rechte ist, soll nicht zum Alptraum werden. Wer von einem netten kleinen Bauernhof auf der Schwäbischen Alb träumt, hat einen Albtraum. Anderen ist diese Vorstellung ein Alptraum. Die Verwechslung haut niemanden vom Stängel.

Die Laissez-faire-Vertreter mit der Parole »*lasst sie schreiben, wie ihnen der Schnabel gewachsen ist*«, sind für große Bevölkerungsteile längst wirklich und haben Überlebenschancen nicht verschlechtert. Zwischen Flensburg und Klosterneuburg wird das die Dialekte bereichern. Dort ist auch die Gefahr nicht groß, dass Gedankenflüge zum Absturz gebracht werden. Wer keine Identität hat, kann sie auch nicht verlieren.

Wer sich mit Gebilden und Bildung befasst, wird ohne Kampf sich einem Ordnungssystem der Verständigung anschließen, das seiner Einsicht folgt. Die Götter, Riesen und Zwerge der Wortmacht sollen der Devise folgen, dass »das Einfache nicht immer das Beste ist, aber das Beste ist immer einfach«. (Heinrich Tessenow)

Zeit teilt – Zeit heilt. – Woglinde, Wellgunde und Floßhilde wogen in Bayreuth als Rheintöchter über den Grünen Hügel. In der hochgestelzten Sprache des Gralshüterichs Richard Wagner. – Indes wogen die Reisewellen hin und zurück. Der Handy-Analphabet in meinem Abteil gönnt mir eine Teilhabe an seinem Sprachvermögen. Sechsmal, nein siebenmal darf ich mir anhören: »Also hier is et am Reeechnen.« »Nee, also hier is et am Reechnen.« … »*Tschö!*« Das geht gut von der Zunge.

In zwei Wochen beginnt wieder die Oberliga. Zoff wird kommen. Die Erde hat uns wieder. Ich habe fertig.

Zu danken habe ich:

Nadya Baier, die schneller schreibt, als ich denken kann,
und die mir bei Letzterem auch auf die Sprünge geholfen hat…

Georg Fronk, einem Korrektor alter Schule, dem der Beruf und der Duden,
das Gefühl für Sprache den Feinschliff gegeben haben, und

Horst Klemme, dem orthografischen Gewissen des Fachmagazins
»Deutscher Drucker« seit Jahrzehnten.

Von beiden habe ich wertvolle Zurechtweisungen für diesen Text erhalten,

dem »Hohlspiegel« auf der letzten Seite des Wochenmagazins »Der Spiegel«,
in den ich bei Erscheinen meistens zuerst schaue.

Der »Zeit«, die mit zahlreichen Beiträgen, insbesondere von Dieter E. Zimmer,
das Verantwortungsbewusstsein für Wort und Sprache wach hält.

Dem Hatje Cantz Verlag, der alles dafür tut, dass der Spruch über der Theke meiner
Stammkneipe »Der rote Leuchtturm« in und seit meiner Schriftsetzerlehre
seine Weisheit behält: »Gott schütze Johnny vor überraschendem Reichtum!«

Fotos: Carlo Perutz

Impressum

Gestaltung
Kurt Weidemann

Gesamtherstellung
Offizin Chr. Scheufele, Stuttgart

Schrift
Corporate A+S

© 2000 Kurt Weidemann

Erschienen im Hatje Cantz Verlag
Senefelderstraße 12
D-73760 Ostfildern-Ruit
Telefon   (0)711/4 40 50
Telefax   (0)711/4 40 52 20
Internet: www.hatjecantz.de

ISBN 3-7757-9037-3

Printed in Germany